西武鉄道

1950～1980年代の記録

1960（昭和35）年

下落合付近を走る国鉄からの譲受車モハ375。
撮影：J.WALLY HIGGINS

CONTENTS

カラー写真で見る西武鉄道 …………………… 4

**第1部
池袋線・豊島線・
西武有楽町線・狭山線・
山口線・西武秩父線**

池袋	18
椎名町	24
東長崎	24
江古田	25
桜台	25
練馬	26
中村橋	27
豊島園	28
小竹向原	29
新桜台	29
富士見台	30
練馬高野台	30
石神井公園	31
大泉学園	32
保谷	33
ひばりヶ丘	34
東久留米	35
清瀬	36
秋津	37
所沢	38
西所沢	40
下山口	40
西武球場前	40
遊園地西	41
西武遊園地	41
小手指	42
狭山ヶ丘	44
武蔵藤沢	45
稲荷山公園	45
入間市	46
仏子	47
元加治	47
飯能	48
東飯能	49
高麗	49
武蔵横手	50
東吾野	50
吾野	51
西吾野	51
正丸	52
芦ヶ久保	52
横瀬	52
西武秩父	53

**第2部
新宿線・拝島線・
国分寺線・多摩線・
西武園線・西武多摩川線**

西武新宿	58
高田馬場	62
下落合	64
中井	64
新井薬師前	65
沼袋	65
野方	66
都立家政	66
鷺ノ宮	67
下井草	68
井荻	68
上井草	69
上石神井	70
武蔵関	71
東伏見	71
西武柳沢	72
田無	72
花小金井	73
小平	74
久米川	75
東村山	75
航空公園	76
新所沢	76
入曽	77
狭山市	78
新狭山	79
南大塚	79
本川越	80
萩山	82
小川	82
東大和市	83
玉川上水	84
武蔵砂川	84
西武立川	85
拝島	85
国分寺	86
恋ヶ窪	87
鷹の台	87
一橋学園	88
青梅街道	88
八坂	89
武蔵大和	89
西武遊園地	90
西武園	90
武蔵境	92
新小金井	92
多磨	94
白糸台	94
競艇場前	95
是政	95

撮影:園田正雄

1931（昭和6）年当時の時刻表

1961（昭和36）年当時の時刻表

1931（昭和6）年1月改定の始終電時刻表で、上段に高田馬場～所沢・川越間の「川越線」が掲載され、下段に東村山～村山貯水池前間の「村山線」、新宿駅前～荻窪間（電車）の「新宿線」、国分寺～東村山間（汽車）、武蔵境～是政間の「多摩線」、大宮～川越久保町間（電車）が掲載されている。

1961（昭和36）年6月1日に改定された西武鉄道各線の初電と終電の時刻表。始発駅から終着駅までの各駅までの運賃や運転間隔も表示されている。秩父線は開通していないため、池袋線の終着駅は吾野になっている。

戦前の首都圏を走る列車の路線図。西武鉄道関連では、池袋を起点とする武蔵野鉄道、早稲田を起点とする西武鉄道（村山線）、国分寺を起点とする多摩湖鉄道（多摩湖線）、同じく国分寺を起点とする西武鉄道（川越線）、武蔵境を起点とする西武鉄道（多摩線）などが記載されている。

1930（昭和5）年当時の東京近郊沿線図

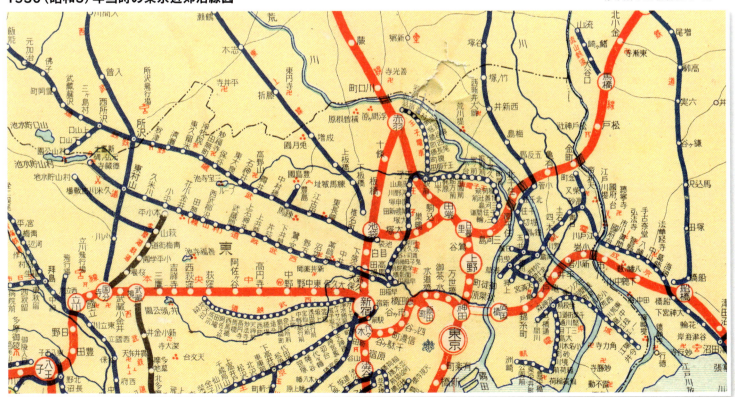

1957（昭和32）年

池袋駅を出発し、山手線と交差する下り電車のクハ1410。
撮影：J.WALLY HIGGINS

1962（昭和37）年

国鉄から譲受した木造の荷物電車3412（国鉄時代はモニ13形）。
撮影：J.WALLY HIGGINS

1959（昭和34）年

東村山から国分寺へ向かうモハ151＋クハ1151の2両編成。
撮影：J.WALLY HIGGINS

カラー写真で見る西武鉄道

1960（昭和35）年
是政線（現・多磨川線）の北多磨付近を走る159＋1160の2両編成。
撮影：J.WALLY HIGGINS

1975（昭和50）年
クモニ2＋クモニ4の荷物電車。1978年に荷物電車は廃止された。
撮影：J.WALLY HIGGINS

1962（昭和37）年
上水線（現・拝島線の一部）の小川〜玉川上水間を走るモハ153の単行。
撮影：J.WALLY HIGGINS

1959（昭和34）年
多摩湖線の国分寺〜萩山間を走る600V時代の小型車両。1500Vへの昇圧後は地方私鉄に転出した。
撮影：J.WALLY HIGGINS

1964(昭和39)年

1976(昭和51)年

池袋駅に向かう501系電車。1963(昭和38)年に、当時の私鉄で初となる10両編成が池袋〜所沢間で開始された。

池袋駅に停車中の451系。国鉄のモハ90(後の101系通勤電車)に影響されて1959(昭和34)年に登場した。

撮影:長渡朗

池袋駅に停車するE41形電気機関車。イギリスのイングリッシュ・エレクトリック社製で、青梅鉄道(現・JR青梅線)が大正末から昭和初期に輸入した。

1976(昭和51)年

撮影:長渡朗

撮影:園田正雄

1970(昭和45)年

1975(昭和50)年

椎名町駅を通過する池袋行き501系急行(右)と、下りの451系。451系(1959年から製造)は西武鉄道で初の両開扉であった。

西武秩父線内を走る801系。701系の増備車として登場し、次世代の101系が登場するまで優等列車を中心に活躍した。

撮影:園田正雄

撮影:長渡朗

1979(昭和54)年

高田馬場駅前の早稲田通りを越える西武新宿行き電車。駅前のこの景色は、現在も大きな変化がない。

撮影:高橋義雄

1978（昭和53）年 所蔵：フォト・パブリッシング

台湾の製糖会社から購入したドイツ・コッペル社製の蒸気機関車。山口線で1984年まで活躍した。

1975（昭和50）年 撮影：園田正雄

山口線を走る蒸気機関車。頸城鉄道から借りた2号機は「謙信号」、井笠鉄道からの1号機は「信玄号」として活躍した。

1985（昭和60）年 撮影：園田正雄

山口線の8500系。ゴムタイヤで走る新交通システムとして1985（昭和60）年に登場。2015年には30周年を迎えた。

西武園の公園鉄道（762ミリ軌間）として走ったバッテリー機関車B11形。

1961（昭和36）年

撮影：J.WALLY HIGGINS

1982（昭和57）年

E61はアメリカ・ゼネラルエレクトリック社製の機関車で、元国鉄のED11で1960年に廃車。その後、西武鉄道に譲渡されて1987年まで貨物輸送に従事した。（写真右上・右中とも）

撮影：中西進一郎

1975（昭和50）年

吾野付近を走るセメント列車牽引のE853。
撮影：J.WALLY HIGGINS

1982（昭和57）年

撮影：中西進一郎

1969（昭和44）年

武蔵横手付近を走るE41形電気機関車牽引の石灰石列車。秩父や吾野周辺で産出された石灰石輸送に活躍した。
撮影：園田正雄

カラー写真で見る西武鉄道

1975(昭和50)年

旧武蔵野鉄道が1927(昭和2)年に製造したE21形電気機関車。
撮影：J.WALLY HIGGINS

1959(昭和34)年

旧武蔵野鉄道がアメリカから輸入したE11形電気機関車。所沢駅構内。
撮影：J.WALLY HIGGINS

1963(昭和38)年

多摩川の砂利輸送を目的に作られた是政線の貨物列車。
撮影：J.WALLY HIGGINS

1975（昭和50）年

国分寺線内を走る411系。増結用、支線用として2連19編成が製造された。現在も地方私鉄で活躍を続けている。

撮影：園田正雄

1983（昭和58）年

高架化前の中村橋駅を発車する101系。3扉の標準型として1983（昭和58）年まで製造され、幹線・支線で長く活躍した。

撮影：荻原二郎

1975（昭和50）年

吾野付近を走る101系電車。西武秩父線の開業に合わせて1969年に登場。山岳路線向きに高出力、抑速ブレーキを備えた車両で、1983年までに434両が製造された。

撮影：J.WALLY HIGGINS

カラー写真で見る西武鉄道

1969（昭和44）年

特急レッドアローの試運転列車。入間川の旧橋梁は、池袋線複線化の際に新橋梁に架け替えられた。
撮影：園田正雄

1975（昭和50）年

所沢を発車して池袋に向かう特急「ちちぶ」。当初は4連3編成で登場したが、6連6編成まで増えた。
撮影：J.WALLY HIGGINS

1985（昭和60）年

池袋駅に停車する5000系レッドアロー。1969（昭和44）年に登場し、池袋〜西武秩父間を80分で走破した。
所蔵：フォト・パブリッシング

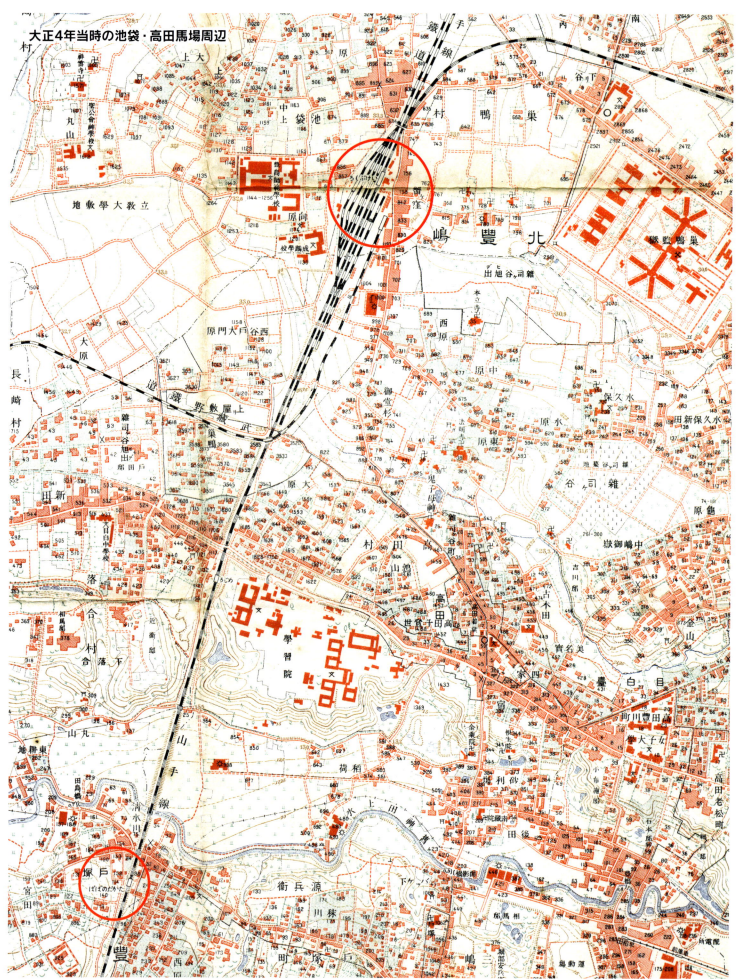

大正4年当時の池袋・高田馬場周辺

国鉄池袋駅の東側から、いったん南西に下り、途中から西に進路をとっているのが武蔵野鉄道。西に曲がった先に上り屋敷という地名が見え、のちに同名の駅が設置(戦後に廃止された)されたこともある。
国鉄目白駅の北側を東西に走っている道路は目白通りで、武蔵野鉄道と並行している。

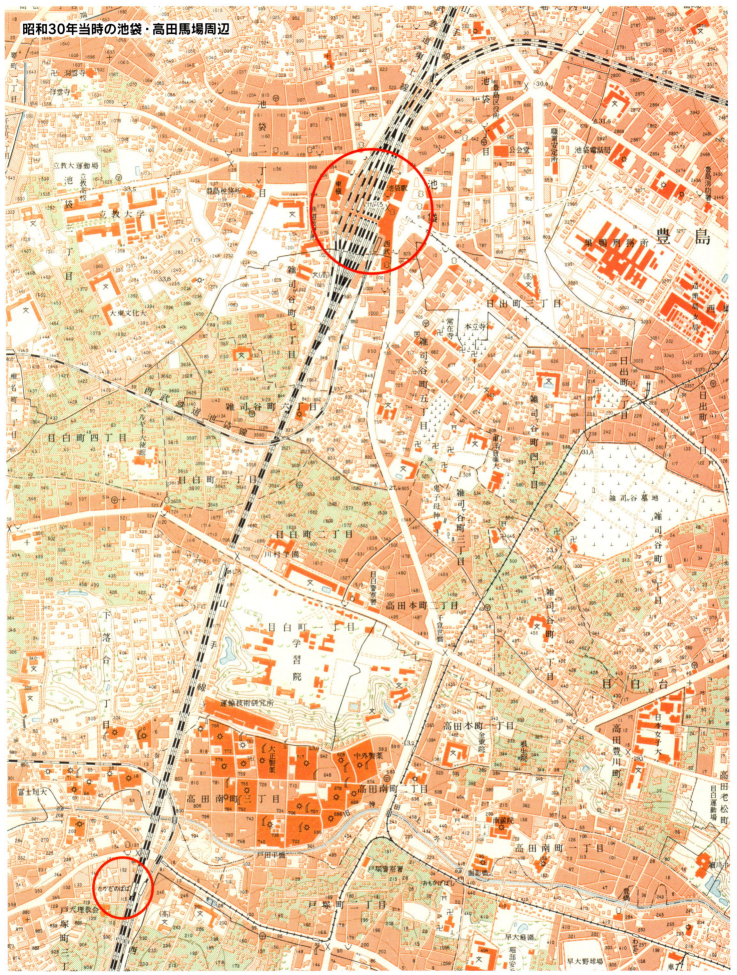

昭和30年当時の池袋・高田馬場周辺

こちらは昭和30年代の地図で、武蔵野鉄道が西武鉄道池袋線になっている。池袋駅西口には東横百貨店があり、少し西寄りには立教大学や大東文化大学が見られる。戦前にはさほど広くなかった明治通りが拡幅されて、南北に延びている。地図左下の西武新宿線が西武新宿まで延びている。

大正4年当時の武蔵野鉄道 練馬駅周辺

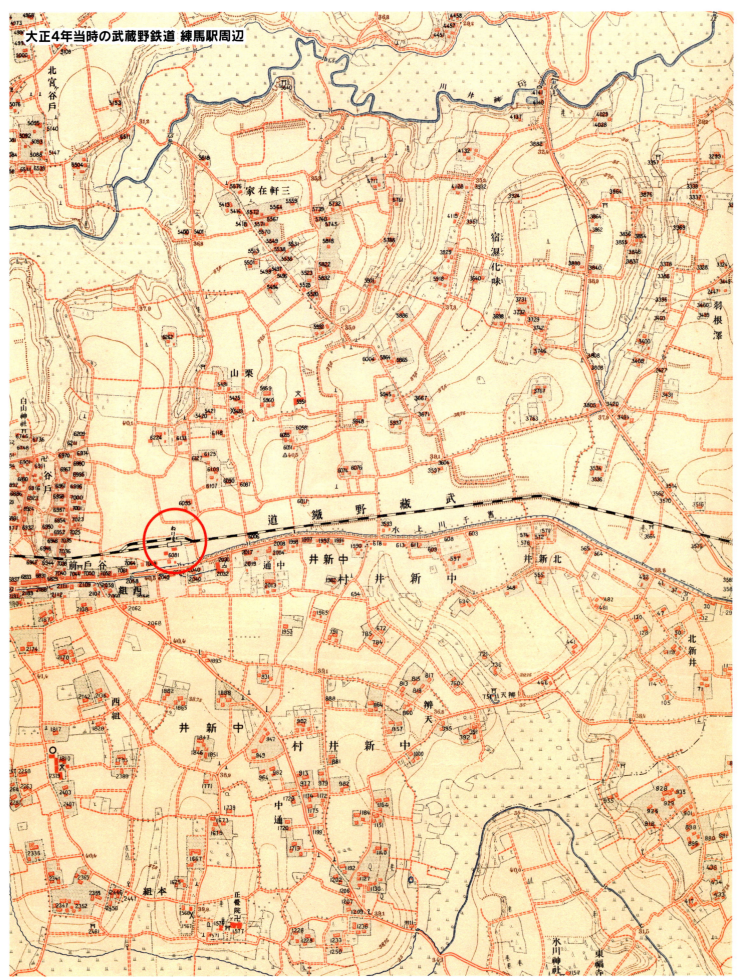

地図の中央を東西に横切っているのが武蔵野鉄道で、千川上水が線路と並行しながら流れている。地図の左端にあるのは練馬駅。駅から少し離れた谷戸地区や千川通り沿いには人家が見られるが、地図の北側を蛇行して流れる石神井川両岸などは耕作地となっている。

昭和30年当時の所沢駅周辺

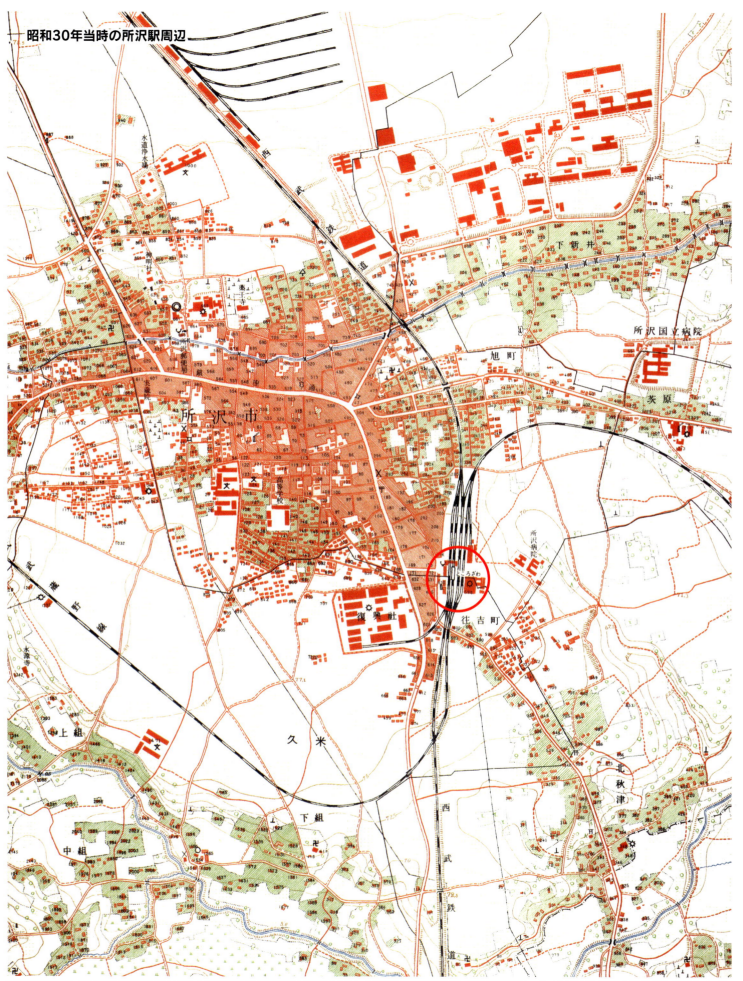

所沢周辺の地図で、地図の下から所沢駅を経由して北上する路線が現在の新宿線で、地図の右からいったん南下して所沢駅に入線し、再び西に進路をとっているのが池袋線（地図では武蔵野線と表記されている）。西口には市街地が広がり、のちに西武鉄道所沢工場（現在は廃止）となる「復興社」が見える。

1960年代の西武バス

旧・武蔵野鉄道、旧・西武鉄道のバス部門等をもとに、1946（昭和21）年に西武自動車が設立。1969（昭和44）年に社名を「西武バス」と改称した。

1948年頃からの西武バスの塗装は、当時の西武鉄道の電車の色に似せた上半分がクリーム、下半分が栗色であったが、1950年代後半からは緑がかったクリームと薄緑色の「笹の葉」デザインに変更され、半世紀にわたって親しまれている。

日産　UG590／1956年式

民生　BS60／1955年式

日野　RB10／1965年式

日産　UR690／1964年式

いすゞ　BA741／1965年式

第1部

池袋線・
豊島線・西武有楽町線
狭山線・西武秩父線

1915(大正4)年、武蔵野鉄道が武蔵野線(池袋～飯能)44.2kmを開業して、今日の西武池袋線をスタートさせた。その後、1929(昭和4)年に飯能～吾野を開業し、路線総延長58.3kmを全通する。1952(昭和27)年に路線名を池袋線に改称。さらに、1969(昭和44)年に西武秩父線を開業し、池袋からの直通運転を開始した。また、1998(平成10)年に西武有楽町線を介して地下鉄有楽町線との相互直通運転を開始し、2008(平成20)年には地下鉄副都心線との相互直通運転を開始すると、2013(平成25)年からは東急東横線、横浜高速鉄道みなとみらい線との相互直通運転も始まった。

1953(昭和28)年

保谷　撮影：田部井康修

いけぶくろ
池袋

開業年：1915(大正14)年4月15日
所在地：東京都豊島区南池袋1-28-1
ホーム：4面4線(地上駅)
乗降人数：478,545人
キロ程：0.0km(池袋起点)

沿線の郊外住宅と都心を結ぶターミナルとして発展、西武鉄道全線でNo.1の乗降客数を誇る

1915(大正4)年の武蔵野鉄道の開業と同時に、その起点駅として誕生した。当初は野菜や肥料などといった貨物の中継駅としての色彩が濃かったが、沿線に郊外住宅が増えるにつれ、通勤列車の性格が強くなっていった。

1955(昭和30)年頃からホームの増設が始まり、1963(昭和38)年には私鉄初の10両編成での運転を開始する。また、1980(昭和55)年に駅舎を改良し、その後の特急ホームの改装、バリアフリー化工事などを経て、現在の池袋駅となった。

最盛期の利用者は1日に67万人を超え、日本の私鉄ターミナル駅としては最大であった。2014(平成26)年現在では、47万8000人余りが利用しており、西武鉄道全線のトップに君臨している。JR山手線・埼京線、東京メトロ丸ノ内線・有楽町線・副都心線、東武東上線に乗り換えることができる。

1965(昭和40)年
提供：西武鉄道
西武百貨店の地上部にある駅入口。西武鉄道No.1の乗降客がある駅らしく、駅頭は混雑している。ただ、客待ちのタクシーが停車している牧歌的な風景も見られる。駅前からは都電が発着していた。

1965(昭和40)年
提供：西武鉄道
頭端式4面4線の池袋駅ホーム。5、6番線ホームに電車の姿はないが、3、4番線ホームには電車が停まっており、改札口に向かう乗客の姿があることから、当駅止まりの電車が到着したところだろう。

1965(昭和40)年
提供：西武鉄道
国鉄(現・JR)線と西武池袋線の券売機が並んでいる。行き先の運賃ボタンを押す方式ではなく、行き先に合わせて5円、10円、20円の券を買う方式となっている。

COLUMN 市区町史に登場する西武鉄道①

池袋を起点とする私鉄が早い時期に建設され、池袋が副都心として発達する素地ができた

軽便鉄道法によって建設された武蔵野鉄道についてみていきたい。

これは、武蔵野軽便鉄道株式会社を設立し、池袋から飯能までの鉄道を敷設するというものであった。この申請は明治44(1911)年2月17日に内閣総理大臣あてに出されて、同年10月18日に敷設免許がおりている。会社は、社名がかわり武蔵野鉄道株式会社として明治45(1912)年5月7日に設立された。

同年7月に工事施工認可を申請し、大正2(1913)年4月に認可され、10月に工事に着手した。(中略)

大正4(1915)年4月15日に、池袋・飯能間が開通した。この開通時、豊島区地域に東長崎駅が設けられた。

こうして池袋駅を起点とする私鉄が1910年代前半というはやい時期に建設され、その後、池袋がターミナルの副都心として発達する素地がこのころに形成されたといえよう。(中略)

まず武蔵野鉄道についてみると、大正11(1922)年11月1日に池袋・所沢間が電化し、昭和3(1928)年6月11日に池袋・練馬間が複線化されている。また地元の要望により、大正13(1924)年6月11日に池袋・東長崎間に椎名町駅ができ、さらに昭和4(1929)年5月25日には、池袋・椎名町間に上り屋敷駅ができている。(以下略)

(豊島区史より抜粋)

池袋線 ▶ 池袋

1958（昭和33）年

撮影：園田正雄

池袋駅の全景。まだホームの延伸工事が始まっておらず、2面3線のホームの長さは90メートル足らずで、床は板張りだった。写真の左側が国鉄池袋駅で、池袋線と山手線の間を貨物列車が走っていた。写真の奥に見える跨線橋は国鉄のホームと東口を結んでいるもので、池袋線との連絡跨線橋はまだなかった。

1965（昭和40）年

提供：西武鉄道

上空から俯瞰した池袋駅。1955（昭和30）年ごろから始まったホーム延伸工事を終えた後で、10両編成対応のホームになっている。ホームの向こうには増床される前の西武百貨店が見える。

白いビルは西武百貨店の本店で左下が西武池袋駅。それに続く工事中のビルは丸物デパート（現・パルコ）。その向かい側の白いビルが三越池袋店。池袋駅の貨物側線、山手・赤羽線、東武東上線ホームの左（西口）のビルは東横百貨店（後に東武百貨店の一部）。西口一帯はまだバラックの飲食店街が広がっていた。

1957（昭和32）年

提供：朝日新聞社

東口広場と地下鉄丸ノ内線池袋駅の工事でごった返していた頃の1枚。都電は森永の ビル前まで後退したターミナルを建設中。正面の三和銀行の左隣に三越池袋店が建 設された。広場左手の空地は後に丸物デパートが建ち、国鉄池袋駅東口となった。

1953（昭和28）年

提供：朝日新聞社

しいなまち
椎名町

開業年：1924（大正13）年6月11日
所在地：東京都豊島区長崎1-1-22
ホーム：2面2線（橋上駅）
乗降人数：18,714人
キロ程：1.9km（池袋起点）

池袋線の最初の停車駅は漫画家集団が住んだトキワ荘があった街で、発車メロディーに『おれは怪物くんだ』を使用

武蔵野鉄道開通から9年後の1924（大正13）年に開業した。現在では池袋駅発列車の最初の停車駅だが、一時は池袋との間に「上り屋敷駅」が開設されたため、2番目の停車駅だった時期もある。駅名は椎名町だが、今ではその町名は存在していない。

町名はなくなったものの、椎名町という名前から容易に連想されるのは「トキワ荘」だろう。1952（昭和27）年にできたアパートのトキワ荘には、手塚治虫、藤子不二雄、石森章太郎といった、のちに名を成す漫画家たちが居住し、青春を漫画ひと筋に打ち込んでいた。そして、彼らを先頭に多くの人気漫画家を輩出したのだった。

駅舎は2010（平成22）年からの改良工事により、橋上駅舎と自由通路、駅北側の歩行者広場が完成した。発車メロディーは藤子不二雄の漫画『怪物くん』のアニメ主題歌を使用している。

1965（昭和40）年

木製の改札口にはホームを背にして駅員が座っている。降車した乗客が乗車券を渡して出て行く。
提供：西武鉄道

1965（昭和40）年

瓦屋根を頂いた平屋建ての旧駅舎は昼間でも薄暗かった。1955（昭和30）年代に島式ホームから相対式ホームに改められ、跨線橋が設けられた。西武池袋線でもっとも低い海抜の駅。
提供：西武鉄道

1965（昭和40）年

ホームから池袋方面を臨む。ホームの先に橋上化された駅舎が見える。
提供：西武鉄道

ひがしながさき
東長崎

開業年：1915（大正4）年4月15日
所在地：東京都豊島区長崎5-1-1
ホーム：2面4線（橋上駅）
乗降人数：26,981人
キロ程：3.1km（池袋起点）

昭和初期に若い美術家たちが集い住んだ「長崎アトリエ村」があった歴史が、今も芸術の香りとして残っている

武蔵野鉄道の開業時に設けられた駅で、当初は池袋の次の駅であり、車両の駐泊所も設けられていた。駅舎は東京オリンピックがあった1964（昭和39）年に橋上駅化されていたが、2007（平成19）年に新しい橋上駅に生まれ変わった。また、翌年からは江古田駅での退避機能を移転して、当駅で優等列車の待避を行うようになった。江古田寄りの上下線の間に「片渡り線」があり、臨時列車や折り返しのために使われている。

現在、駅前には庶民的な長崎銀座商店街が延びているが、かつては芸術の香りのする街として知られていた。昭和10年代、周辺にはアトリエ付きの借家が密集しており、「長崎アトリエ村」と呼ばれる芸術村になっていた。なかでも「桜が丘パルテノン」や「つつじが丘アトリエ村」が有名だった。駅の北側の千早町には、アトリエ村とゆかりのあった熊谷守一の旧宅跡地に熊谷守一美術館がある。

1965（昭和40）年

提供：西武鉄道
1964（昭和39）年に橋上駅舎になるが、それ以前の駅舎。駅名標が「西武電車」と表記されている。

えこだ
江古田

開業年：1922（大正11）年11月1日
所在地：東京都練馬区旭丘1丁目
ホーム：2面2線（橋上駅）
乗降人数：33,045人
キロ程：4.3km（池袋起点）

日大芸術学部、武蔵野音大、武蔵大の3つの大学が集まり、はつらつとした若者たちの姿が随所に見られる

旧制武蔵高等学校（現・武蔵大学）が開校した1922（大正11）年に「武蔵高等学校仮停留所」として開設され、翌年に駅舎を当初のものより東側に移転させて、現在の駅名に改称した。駅のスタートが学校のためだったためか、現在は武蔵大学、武蔵野音楽大学、日本大学芸術学部の3大学が当駅周辺に集中している。

1958（昭和33）年、従来の島式ホーム1面を優等列車待避ができるように島式ホーム2面2線に拡張した。2008（平成20）年に優等列車退避が東長崎駅に変更されたため、待避線を廃止して相対式ホーム2面2線となった。これにともなって、駅舎の改築と駅周辺の再開発事業が始まり、2010（平成22）年に橋上駅舎の使用を開始した。駅前広場の整備や道路の拡幅なども実現し、若者たちが集う近代的な駅へと変貌をとげた。

1965（昭和40）年
駅の出入り口正面にスーパーマーケットがあり、店頭に安売り品のチラシが大量に貼り付けられている。
提供：西武鉄道

1965（昭和40）年
南口の駅頭にはすでに自動券売機も設置されている。雨上がりなのか、駅前には水溜まりが残っている。当時から学生の利用が多い駅だった。
提供：西武鉄道

さくらだい
桜台

開業年：1936（昭和11）年7月10日
所在地：東京都練馬区桜台
ホーム：1面2線（高架駅）
乗降人数：13,756人
キロ程：5.2km（池袋起点）

桜の名所があることから駅名がついたが、駅周辺の石神井川南岸の台地は今も桜の季節に美しさを増している

武蔵野鉄道の開業から21年が経過した1936（昭和11）年に開設された。駅の所在地は板橋区練馬南町（現在は練馬区桜台）だったが、駅名を桜台としたのは周辺に石神井川や千川上水の桜の名所があり、石神井川南岸の台地だったからとされている。

駅開設前に「2・26事件」が起こるなど、すでに軍靴の音が響き始めており、1945（昭和20）年2月には営業休止に追い込まれてしまった。営業が再開されたのは1948（昭和23）年だったが、武蔵野鉄道で戦時休止から再開したのは当駅だけだった。

1990（平成2）年から桜台〜練馬間の高架化工事が行われ、かつての相対式ホーム2面2線から島式ホーム1面2線の高架駅に生まれ変わった。その後、8両編成分だったホームが10両編成分に延長された。改札口はホーム下の地上部に設けられている。

1965（昭和40）年
改札口前の駅前通りは舗装されておらず、あちこちに水たまりができている。不動産屋の看板には四畳半や六畳のアパートの案内が貼られている。
提供：西武鉄道

1965（昭和40）年
ホームの北側にあった駅舎には自動券売機も見られるが、まだ窓口で乗車券を購入する人のほうが多い。構内では箱型の振り子時計が時を刻んでいる。
提供：西武鉄道

練馬

ねりま

開業年：1915(大正4)年4月15日
所在地：東京都練馬区練馬1-3-5
ホーム：2面4線(他に通過線2本)
乗降人数：121,472人
キロ程：6.0km(池袋起点)

開業時からある歴史のある駅だが、その後、豊島線や西武有楽町線の起点駅としてますます重みを増してきた。

　武蔵野鉄道開業時からある駅で、当初は池袋から2つ目の駅だった。1927(昭和2)年に豊島線が開業すると、その分岐駅となった。駅の北側には鐘淵紡績練馬工場があり、南側には貨物ホームもあったが、1970(昭和45)年に工場が閉鎖され、それにともなって当駅の貨物営業は1972(昭和47)年に廃止された。この頃、橋上駅舎となり、新しく北口を開設している。その後、1994(平成6)年に西武有楽町線の練馬〜新桜台が開業すると、その起点駅となった。

　1990(平成2)年からは高架化工事が始まり、2003(平成15)年に完成している。これによって、島式ホーム2面4線の外側に急行線2線を有する高架駅に変身をとげた。北口の旧鐘淵紡績練馬工場跡地には、当駅から発着するすべてのバスのロータリーが設けられている。

1965(昭和40)年

提供：西武鉄道

雨上がりの南口駅前。橋上駅舎に繋がっている階段があり、その脇には練馬警察署の練馬駅前派出所が見える。駅前には西武バスの停留所があった。

1960年頃

提供：西武鉄道

1965(昭和40)年に橋上駅になるが、それ以前の旧駅舎。裾広がりの三角屋根が特徴的で、駅舎への出入り口は2方面に開いている。

COLUMN 市区町史に登場する西武鉄道②

太平洋戦争の末期に糞尿の処理に困り、旧西武鉄道、武蔵野鉄道が「黄金電車」を運行

　本区の区域において市街化の最初の契機をなしたものは、私鉄の開通であった。区内を東西に貫通する私鉄の3路線である。区の北縁部を走る東上鉄道(現在の東武鉄道東上線)、ほぼ中央を貫通する武蔵野鉄道(現在の西武鉄道池袋線)と南西部を走る西武鉄道(現在の西武鉄道新宿線)の敷設である。3路線の敷設により、区内沿線地域の市街化に果たした役割は大きい。(中略)

　関東大震災(大正12年9月)後、郊外で新しい局面が展開した。都市災害からのがれて郊外居住を志向する人びとが増え、東京市の流出人口を武蔵野鉄道沿線地域が受け入れる素地をもったということである。(中略)

　電化や複線化がすすんだものの、旧西武鉄道はいぜんとして近郊農村地帯に密着し、蔬菜園芸作物・食糧輸送を主軸とするローカル色の強い鉄道であった。昭和19年太平洋戦争はいよいよ深刻な様相を呈し、(中略)都内の糞尿処理は主にトラック輸送に委ねられ河岸に運び、船に積んで東京湾に捨てていたが、ガソリンの統制によりトラックも糞尿船もままならなかった。東京都大達長官のたっての懇請で、武蔵野鉄道と旧西武鉄道と食糧増産会社の三社が一体となり、糞尿輸送にあたることになった。いわゆる「黄金電車」の運行である。(中略)こうした糞尿輸送は終戦後もつづき昭和28年3月30日までつづいた。

(練馬区史から抜粋)

中村橋

なかむらばし

開 業 年：1924（大正13）年6月11日
所 在 地：東京都練馬区中村北4-2-1
ホ ー ム：1面2線（高架駅）
乗降人数：38,736人
キ ロ 程：7.5km（池袋起点）

各駅停車のみの駅では西武鉄道№1の乗降客数を誇り、複々線化にともなう高架化で高架下にEmio中村橋がオープン

　1924（大正13）年に開業した駅で、駅名は当時の千川上水に架かっていた橋の名からとられたという。1997（平成9）年に当駅～富士見台駅間が高架化されるまでの長い間、南北に改札口を持つ地上駅だった。駅舎本屋は線路の南側にあり、「マンサード屋根」と呼ばれる五角形のとんがり屋根を3方向に向けていた。駅舎は「練馬百景」にも選ばれ、平成になってもそのモダンな姿を残していた。高架駅になった現在も、五角形の屋根が駅の外装として用いられている。

　駅の高架化に続いて、2001（平成13）年に複々線が完成すると、かつての相対式ホームから島式ホーム1面2線の外側を急行線2線が走るようになった。駅の利用者は多く、各駅停車のみが停車する駅としては、優等列車を運行する西武鉄道の中では1位となっている。

1960年頃

線路の南側にあった駅舎。武蔵野鉄道の駅舎の象徴ともいえる5角形のマンサード屋根が、出入り口2ヵ所とホーム側1ヵ所に向いている。駅舎前にはベンチが置かれていた。
提供：西武鉄道

1965（昭和40）年
提供：西武鉄道

駅前から商店街へと続く踏切を臨む。踏切の向こうに池袋方面のりばが見える。踏切の遮断機は下りていない。

1954（昭和29）年
撮影：荻原二郎

中村橋に停車中の池袋～清瀬間の列車。

COLUMN　西武鉄道のマンサード屋根駅舎

武蔵野鉄道時代の歴史と文化を今に残す中村橋駅のマンサード屋根と古レール

　当駅が高架駅になったのは1997（平成9）年のことだから、地上駅時代の駅舎を覚えている人は少なくない。地上駅時代の駅舎は練馬寄りの南側にあり、「練馬百景」に選ばれるなど、地元の人々に親しまれ、愛されてきた。とくに、武蔵野鉄道の駅舎に共通するデザインの「マンサード屋根」が、当駅の象徴として常に頭上で輝いていた。5角形の屋根が2ヵ所の出入り口と改札口の3方向に向いており、どこからでもその特徴的なフォルムが見られた。マンサード屋根というのは、17世紀のフランスの建築家であるフランソワ・マンサールが考案した屋根で、寄棟屋根の外側4方向に向けて2段階で勾配がきつくなる外側4面寄棟2段勾配屋根とされている。俗に腰折屋根ともいわれ、屋根裏部屋を設けるのに適しているとされた。ただ、マンサールの屋根の2方向は台形をしていたが、武蔵野鉄道が駅舎として採用したものは、きつい勾配の5角形屋根を3方向に向けたものだった。高架駅になった現在も駅舎にマンサード屋根がモチーフとして残されている。

　もうひとつ、当駅にある武蔵野鉄道の遺産として忘れられないのが、北口の側道にある国内・外の古レールを収集してつくられた街路灯。この街路灯はカーネギー・スチール社（アメリカ・1914年）をはじめ、1920年代までに世界各地で作られた7本で、それぞれのレールには詳細な解説板が設置されている。なかには、日本の八幡製鐵所で造られたレールもある。これらは2003年に「軌条燈（レールランプ）」として、日本の鉄道・パブリックアート大賞の佳作を受賞している。街路灯となったレールたちは、ダークグリーンに塗装されて、鉄道の歴史を伝えている。

としまえん
豊島園

開業年：1927（昭和2）年10月15日
所在地：東京都練馬区練馬4-16-5
ホーム：1面2線（地上駅）
乗降人数：13,570人
キロ程：1.0km（練馬起点）

プールや花火が有名な遊園地「としまえん」の最寄駅で、徒歩で都営地下鉄大江戸線豊島園駅にアクセスできる

1927（昭和2）年、豊島氏が治めていた練馬城の跡地に豊島園（現・としまえん）が開園すると、およそ半年後に豊島線豊島駅が開業した。その後、1933（昭和8）年に現在の駅名に改称する。1991（平成3）年3月9日には、当駅が西武鉄道で初めて自動改札を導入した。同年12月には都営地下鉄12号線（現・大江戸線）の豊島園駅が徒歩2分ほどのところに開業し、隣接駅となった。

かつてはコの字型の頭端式2面3線のホームだったが、6両編成までしか入線できなかったため、中央の1線を埋めて島式ホームとし、現在の島式ホーム1面2線に改良した。そうすることによって、ホームの幅が非常に広くなっている。子どもの利用が多い当駅だから、ホームの広さが安全対策にもなっている。現在は8両編成に対応している。夏などの多客期には降車専用の改札通路が設置される。

提供：西武鉄道

駅舎とホーム終端部の様子。駅舎左の改札口は多客期用の有人改札（出口のみ）として使用された。このころは頭端式2面3線のホームだった。

提供：西武鉄道

豊島園直営の喫茶・食堂とおみやげの売店。子どもがプールで使う浮き輪やおもちゃなどが販売されている。

提供：豊島園

駅舎の前に停まっているバスは、豊島園にやってくる団体客が乗ってきたものだろう。子どもの手を引いた入園者が続々と詰めかけている。

COLUMN 「としまえん」の歴史

1年中子どもたちや若者の歓声が響く「としまえん」
室町時代に豊島氏が築いた練馬城の跡地を利用している

としまえんは豊島区にはなく、練馬区にある。それでは、なぜ豊島園なのだろうか？　もともと、このあたり一帯は豊島氏が治めており、室町時代には練馬城を築城している。城は現在のウォータースライダー「ハイドロポリス」がある石神井川の南にあったが、太田道灌との戦いに敗れて廃城になってしまい、城の跡地は雑木林や畑になっていた。それをのちに、地元の有力者が入手し、明治後期に豊島園として開園する。ただし、あまり手入れもされなかったことから、景勝地にはなりえなかった。

大正時代に入って、樺太工業（のちの王子製紙）の専務だった藤田好三郎が、はじめは石神井川の南側の土地を、次に北側の土地を自宅建設のために買い取ったが、あまりの景勝地だったため、一般に開放することにした。この意を受けて、1927（昭和2）年に豊島園が開園することになった。

しかし、その後の豊島園の所有者は転々とする。さまざまな紆余曲折はあったが、1941（昭和16）年に武蔵野鉄道株式会社が当時の経営者であった日本企業を吸収合併することになった。これが西武鉄道との縁の始まりとなったのだった。戦後の1946（昭和21）年には早々と営業を再開する。1929（昭和4）年にプールを開設して以来、豊島園のプールは人気があったが、1959（昭和34）年にナイヤガラプール、1965（昭和40）年に流れるプール、1973（昭和48）年に波のプールと、次々と新機軸を打ち出して利用者の心を射止めた。

また、その後に名物となった花火大会が1967（昭和42）年から始まったが、諸般の事情によって2004（平成16）年以降は行われていない。

こたけむかいはら
小竹向原

開業年	1983（昭和58）年6月24日
所在地	東京都練馬区小竹町2-16-15
ホーム	2面4線（地下駅）
乗降人数	121,315人
キロ程	2.6km（練馬起点）

東京メトロ有楽町線に乗り入れて開業した新しい駅は、東京メトロと西武鉄道が共同使用している

1983（昭和58）年6月24日に開業した営団地下鉄（現・東京メトロ）有楽町線小竹向原駅に、同年10月1日に西武有楽町線（小竹向原～新桜台）が乗り入れた。これによって、地下鉄有楽町線との相互直通運転が始まった。さらに、1994（平成6）年には営団有楽町線新線（現・東京メトロ副都心線）の当駅～新線池袋（副都心線池袋）が開業する。同時に、西武有楽町線の新桜台～練馬間も開業し、練馬までの相互直通運転が始まった。

当駅の地上からの入口。東京メトロと西武鉄道の共同使用駅だが、東京メトロの管理になっているため、入り口表示は東京メトロ仕様になっている。「西武鉄道」の文字が小さい。

環七通り沿いにある地下駅への出入り口。駅は東京メトロと共同使用となっているが、管轄は東京メトロが行っている。

しんさくらだい
新桜台

開業年	1983（昭和58）年10月1日
所在地	東京都練馬区桜台1-28-11
ホーム	2面2線（地下駅）
乗降人数	8,033人
キロ程	1.4km（練馬起点）

複線化によって東京メトロ有楽町線の所沢・飯能方面への直通運転が始まり、副都心線との相互直通運転も始まった

1983（昭和58）年10月1日に西武有楽町線の終点として開設された。駅は環七通り直下の地下にあり、地上と改札階はエレベーターで結ばれている。1994（平成6）年に西武有楽町線の全線が開通すると中間駅になった。2008（平成20）年には副都心線との相互直通運転が始まり、2013（平成25）年の飯能～元町・中華街間直通運転開始により、快速急行停車駅となった。

当駅への地上部入口。地下駅のため、地上と改札階がエレベーターで結ばれている。改札階からホームまではエレベーターとエスカレーターを使用する。
提供：西武鉄道

ふじみだい
富士見台

開 業 年：1925（大正14）年3月15日
所 在 地：東京都練馬区貫井3丁目
ホ ー ム：1面2線（高架駅）
乗降人数：25,375人
キ ロ 程：8.3km（池袋起点）

中村橋〜当駅間の千川通りは桜の名所で知られ、冬には当駅〜練馬高野台間の車窓から富士山に沈む太陽が眺められる

　駅を開設した1925（大正14）年当時の駅名は、付近の地名からとられた貫井駅だったが、1933（昭和8）年に現在の駅名に改称している。駅から見る冬の富士山の姿があまりにも見事だったことからの改称だったという。今でも冬の晴れた日には、高架を走る当駅〜練馬高野台間の車窓から富士山の雄姿を眺めることができる。

　1960（昭和35）年ごろ、それまでの島式ホーム1面2線を相対式ホーム2面2線に改め、ホームを跨線橋で結んだ。従来の駅舎は石神井公園寄りの南側にあったが、のちに北口が開設された。その後、2001（平成13）年に中村橋〜練馬高野台間の高架複々線化工事が完成し、複々線の緩行線部分に島式ホーム1面2線を持つ高架駅となった。緩行線2線の外側に2線の急行線も設けられている。駅前が狭いためロータリーはなく、南口からまっすぐの千川通りからバスが発着している。千川通りは桜の名所で知られる。

富士見銀座商店街の入口。書店の入口は、今では見られないガラスの引き戸になっている。当時はチェーン店は少なく、家族経営の店が多かった。
提供：西武鉄道

1960年頃
提供：西武鉄道
練馬高野台寄りの南側にあった駅舎。駅舎前の売店は臨時休業なのか、シートがかけられている。この当時は島式ホーム1面2線だった。

ねりまたかのだい
練馬高野台

開 業 年：1994（平成6）年12月7日
所 在 地：東京都練馬区高野台1丁目
ホ ー ム：1面2線（高架駅）
乗降人数：25,919人
キ ロ 程：9.5km（池袋起点）

西武全線でもっとも新しい駅として誕生し、高架化によって広い駅前広場とEmio練馬高野台がオープン

　西武鉄道のもっとも新しい駅として1994（平成6）年に開業した。駅の西側を笹目通りが南北に走っており、かねてより踏切による交通渋滞の解消が課題とされていた。そのために、西武鉄道では1984（昭和59）年から富士見台〜石神井公園間の高架化工事を進めており、その過程で新駅創設が浮かび上がってきたのだった。新駅計画段階での駅名は東石神井だったが、国分寺線の鷹の台駅と混同しないように、駅名に「練馬」を冠したという。

　2001（平成13）年に長期にわたった高架化工事が完成し、島式ホーム1面2線と緩行線の外側に急行線2線を持つ高架駅となった。かつてあった急行線と緩行線を連絡する渡り線は、2013（平成25）年に撤去された。南口、北口それぞれに広い駅前広場がある。2015（平成27）年からは小学生が作曲した発車メロディーが流れている。

2005（平成6）年
開業当日で、駅舎前に「練馬高野台　開業記念式典会場」の立て看板が立てられている。開業を待ちわびた近隣の人々が集まっている。
提供：練馬区

石神井公園

しゃくじいこうえん

開業年：1915（大正4）年4月15日
所在地：東京都練馬区石神井町3丁目
ホーム：2面4線（高架駅）
乗降人数：75,319人
キロ程：10.6km（池袋起点）

駅舎と改札が線路の南北に分かれていたために連絡が悪かったが、高架化が完成したことによって南北の移動が容易になった

　武蔵野鉄道の開業時に石神井駅として開設され、1933（昭和8）年に現在の駅名に改称した。戦後になると、引き上げ線を設置し、富士見台で折り返していた列車を当駅で折り返せるようにした。また、1960（昭和35）年ごろからは、島式ホーム1面2線だったのを2面3線に変更したり、跨線橋を設置したりしている。ただ、駅舎と改札口が線路の南北に分かれていたため、南北の連絡は悪名高い「開かずの踏切」を利用する以外なかった。

　西武鉄道は1984（昭和59）年から高架化工事に着手していたが、当駅～練馬高野台間の工事が本格的に動き出したのは2007（平成19）年になってからだった。複雑で手間のかかる工事の結果、ようやく2012（平成24）年に島式ホーム2面4線を有する高架駅に生まれ変わることができた。2014（平成26）年には高架下ロータリーの使用が始まった。

1960年頃

地上駅時代の駅舎正面。西武池袋線の駅の特徴であるマンサード屋根を模した尖塔が屋根の上に見える。駅舎は下り線側の大泉学園寄りにあった。
提供：西武鉄道

1965（昭和40）年

南口のロータリー。駅前の商店街の狭い道路を抜けて、路線バスが駅前に集まってきた。荻窪行のバスが発車したところ。
提供：西武鉄道

1965（昭和40）年

駅前ロータリーから駅舎に向かう。駅舎の屋根にはマンサード屋根をデザインした明かり取り用の窓が乗っている。駅舎脇には甘栗太郎の売店が出ている。
提供：西武鉄道

1965（昭和40）年

南口駅舎と駅前ロータリー。駅舎の右手からホームに延びる長い跨線橋が見える。バスやタクシーがさかんにロータリーを利用している。
提供：西武鉄道

大泉学園

おおいずみがくえん

開業年：1924（大正13）年11月1日
所在地：東京都練馬区東大泉1-29-7
ホーム：1面2線（橋上駅）
乗降人数：83,628人
キロ程：12.5km（池袋起点）

接続線のない駅ながら1日に8万人もの乗降客が利用する賑やかな駅で、発車メロディ『銀河鉄道999』が流れる

1924（大正13）年に東大泉駅として開業し、1933（昭和8）年に現駅名に改称した。駅開業当時はすでに高級住宅地「大泉学園町」の開発が進められており、それが駅名改称の動機となったといわれている。1983（昭和58）年には橋上駅舎化され、島式ホーム1面2線の地上駅となっている。2009（平成21）年からは「銀河鉄道999」を発車メロディーとして使用している。

当駅は接続線のない駅でありながら、1日の乗降客数は8万人を超える。そのため、駅周辺の再開発事業が積極的に行われてきた。初めに再開発されたのは南口で、駅前ロータリーにはバス乗り場や商業施設が完成しており、これらとコンコースをペデストリアンデッキで結んでいる。また、北口の再開発は2015（平成27）年の商業施設「グランエミオ大泉学園」完成をもって完了している。

立派なマンサード屋根を頂いた北口の駅舎。行楽帰りとおぼしき家族連れが駅舎から出てきた。駅から自転車で帰途につく人も見える。

飯能行きの電車が到着し、ぞろぞろと乗客が下りてきた。北口利用者はそのまま改札に出られるが、南口利用者は構内踏切を渡らなくてはならない。

島式1面2線のホームを臨む。通勤通学の時間帯を過ぎたのか、ホームの人影はまばらで、どことなくのんびりムードが漂っている。

駅前に乗客を下ろした当駅止まりのバスが停車している。不動産屋の前の親子連れは、バスの乗車開始を待っているのか。

北口にはバスの待機所があり、ボンネット型の路線バスが停まっている。新宿駅西口までといった長距離を走る路線バスもあった。

ほうや
保谷

開業年：1915（大正4）年4月15日
所在地：東京都西東京市東町3丁目
ホーム：2面3線（橋上駅）
乗降人数：58,481人
キロ程：14.1km（池袋起点）

池袋線 ▶ 大泉学園・保谷

南側にあった駅舎を橋上駅舎化して北口を開設、南口の再開発でロータリーや再開発ビルができた

　武蔵野鉄道開業時に開設され、1915（大正11）年に電化すると、当駅に保谷電車庫が設けられた。その後、電車庫は数次にわたって増改築が繰り返され、1973（昭和48）年には保谷車両管理所となる。そして、2000（平成12）年に保谷電留線となり、南側は保線基地になっている。

　1964（昭和39）年には構内踏切を廃止し、線路の南側にあった駅舎を橋上化するとともに、北口を開設した。平成に入ってからも駅舎の建て替えなどの改良工事を加え、2011（平成23）年に工事を完了させて、島式ホーム2面3線の構造となった。

　この間に南口を再開発し、2012（平成24）年にはペデストリアンデッキが完成し、南口交通広場の運用も始まった。再開発ビルのSOLEIL（ソレイユ）、SUTEA（ステア）とはペデストリアンデッキでつながっている。

1960年頃

提供：西武鉄道

1964（昭和39）年の橋上駅舎化前の駅舎で、線路の南側にあった。木造瓦葺平屋の駅舎はガラス窓が開け放たれ、改札口の脇には「保谷駅構内賣店」が開店していた。

1965（昭和40）年

提供：西武鉄道

橋上駅舎化された後の南口で、路線バスはすべて南口から発着していた。西武バスの向こうに西友ストアが見えるが、まだビル化されていない。

1965（昭和40）年

自転車置き場には自転車が満杯で、倒れているものも見られる。橋上駅舎の向こう側では高層ビルの建設が始まっている。

提供：西武鉄道

1965（昭和40）年

南口駅前広場に停車中の西武バス。左側のバスは保谷～吉祥寺駅入口を運行していた。中華料理「特一番」の店頭に乗用車が駐車している。

提供：西武鉄道

1965（昭和40）年

提供：西武鉄道

駅前の道路沿いに菓子店、書店、喫茶店、DPE屋などが並び、今ではすっかり見かけなくなった手荷物預り所に人だかりがしている。

ひばりがおか

ひばりヶ丘

開業年：1924（大正13）年6月11日
所在地：東京都西東京市住吉町3丁目
ホーム：2面4線（地上駅　橋上駅）
乗降人数：67,907人
キロ程：16.4km（池袋起点）

ひばりヶ丘団地の完成に合わせて駅名を改称、西東京、新座、東久留米の3市の住民が利用している

　1924（大正13）年に田無町駅として開業し、1959（昭和34）年に現在の駅名に改称した。住宅公団のひばりヶ丘団地の完成に合わせての改称だった。当時の駅の構造は、単式ホーム1面1線と島式ホーム1面2線だったが、1960（昭和35）年に島式ホーム2面4線となった。内側の2線が本線、外側の2線が待避線となっている。1967（昭和42）年に橋上駅舎化された。

　2003（平成15）年から2005（平成17）年にかけて、ホームの拡幅・嵩上げ、上屋の建て替えなどの駅舎改良工事が行われた。南口には広い駅前広場があり、PARCOと西友が広場を囲んでいる。当駅から西武新宿線田無駅方面へ延びる谷戸新道には高層マンションや商店街が並んでいる。北口駅前は狭く、再開発の計画はあるものの、まだ見通しは立っていない。

1960年頃
提供：西武鉄道
駅前は砂利敷きで、改札口横の新聞や雑誌を売る売店の奥に西武ハイヤーの駅前営業所が見える。さらに奥には、小屋掛けのひばりヶ丘マーケットがあった。

1960年頃
提供：西武鉄道
駅舎は木造平屋建てで、改札口の屋根の上に「西武電車　ひばりヶ丘駅」という駅名標を掲げている。駅前にはボンネットバスが停まっている。

1965（昭和40）年
南口の駅前広場からは、三鷹や武蔵境方面などへ向けた路線バスが頻繁に発着している。学生帽をかぶった学生の姿も見える。

提供：西武鉄道

COLUMN 市区町史に登場する西武鉄道③

鉄道交通機関が立ち遅れていた田無が地元の総力を結集して新駅開設に漕ぎ着けた

　（前略）鉄道交通機関の立ち遅れは、北多摩における田無の位置に深刻な影響をあたえた。1923年5月30日の『東京日日新聞』に、「文化に嫌われた　敗残の田無町」という、センセーショナルな見出しの記事が掲載された。（中略）その原因は甲武鉄道ム（中央線）の開通にあり、それ以来田無は「トントさびれてまるで昔の面影」はなく、交通機関による「地方発展の要素には極めて縁遠くなって居る」。

　この当時、田無町の発展の遅れを指摘する声は、さまざまな個所から聞こえてきた。たとえば、1923年（大正12）にまとめられた『田無警察分署沿革史』は、甲武鉄道の開通以降現在まで、「東京近郊」の田無は「尚文化発達の幼稚なりし」状態にあり、他の宿場町と地位が「顚倒」したと指摘した。（中略）

　田無の発展の遅れが深刻になってきた第一次世界大戦後、田無では鉄道誘致に向けての動きが活発になった。田無の「重立連」（地主）は、1923年（大正12）ごろから村山・小平・保谷・石神井・荻窪の各町村と連携して西武鉄道の延長をはたらきかけた。鉄道開通とは別に、1924年6月11日、武蔵野鉄道に田無町駅が設置された（現西武池袋線ひばりヶ丘駅）。甲武鉄道開通のころとは異なり、今回は街の中央より新駅に通じる土地を地主が無償で提供し、在郷軍人会と青年団の会員395名出動して道を造成した。

（田無市史より抜粋）

ひがしくるめ
東久留米

開業年：1915（大正4）年4月15日
所在地：東京都東久留米市東本町1-8
ホーム：2面2線（地上駅　橋上駅）
乗降人数：52,953人
キロ程：17.8km（池袋起点）

池袋線▶ひばりヶ丘・東久留米

武蔵野鉄道開業時に開設され、隣接駅は保谷と所沢だった
駅舎は橋上化され、関東の駅百選に選定された

　武蔵野鉄道の開業時からある駅で、当時の隣接駅は保谷と所沢だった。1940（昭和15）年ごろには、中島航空金属田無製造所までの貨物引き込み線があったが、1960（昭和35）年ごろに撤去された。当時は島式ホーム1面2線で、駅舎は所沢寄りの北側にあった。1970（昭和45）年にはホームを相対式に変更し、跨線橋を設置している。

　その後、1994（平成6）年に橋上駅舎が完成し、従来の北口に加えて西口と東口が新設された。この駅舎は関東の駅百選に選定されている。さらに、2008（平成20）年にホームの清瀬寄り部分を改修し、2010（平成22）年には北口改札口を閉鎖して北口駅舎も解体した。北口駅舎跡地には商業施設のEmio東久留米がオープンした。西口ロータリーから東久留米市役所方面に延びる「まろにえ富士見通り」は、富士山のビューポイントとして知られている。

1965（昭和40）年
乗用車の後ろが出札口で、改札口は写真右手に進んだ北側にある。改札口から入場し、出札口の背後にあるホームに至る。
提供：西武鉄道

1960年頃
提供：西武鉄道

1965（昭和40）年
駅前から見た駅舎で、簡素なベンチが壁際にある。この当時は島式ホームで、電車の到着を待つ乗客の姿がホーム上に見える。
提供：西武鉄道

1949（昭和24）年に開設された北口駅舎で、駅舎内に人の姿はなく、まるで無人駅のように見える。改札を入った左手にホームがある。

1965（昭和40）年
駅前で長く営業していたラーメン屋。ラーメン50円、ビール150円の時代だった。駅から駆け込んでくる客の姿が見えるようだ。

駅前には駅まで乗ってきたと思われる自転車が無造作に放置されている。分譲地の看板の後ろに、「野火止用水、平林寺」などと書かれた行き先案内の矢印がある。

1965（昭和40）年
提供：西武鉄道

清瀬

きよせ

開業年：1924（大正13）年6月11日
所在地：東京都清瀬市元町1-2-4
ホーム：2面4線（地上駅　橋上駅）
乗降人数：68,375人
キロ程：19.6km（池袋起点）

駅の北側は閑静な住宅街が広がり、再開発が進められている南側には各種の医療機関が集中している

　1924（大正13）年に開業した駅で、当時は島式ホーム1面2線、駅舎は所沢寄りの北側にあった。かつては貨物営業もしていたが、1969（昭和44）年に廃止となった。1971（昭和46）年に橋上駅となり、島式ホーム2面4線を有している。1・3番ホームが本線、2・4番ホームが待避線として使用されている。また、当駅折り返しの地下鉄有楽町線、副都心線直通列車があることから、秋津側に留置線が設けられている。ただし、地下鉄直通列車は直接2番線ホームに入線し、折り返すケースが多い。

　北口は再開発事業が完了して複合施設クレアが開業したが、南口の再開発は難航している。南口は国立病院機構東京病院をはじめとする医療機関への玄関口として利用者が多いため、道路整備をともなう再開発が焦眉の課題となっている。

1965（昭和40）年

提供：西武鉄道

南口駅前のバス停でバスを待つ人が列をつくっている。駅前通りには商店街が延びており、果物店、レストラン、中華料理店などのほかにタクシー乗り場もある。

1965（昭和40）年

提供：西武鉄道

1971（昭和46）年に橋上駅舎化される以前の南口駅舎。まだ跨線橋はなく、構内踏切を使用していた。改札口の向こうにホームに停車中の電車が見える。

あきつ
秋津

開業年：1917（大正6）年12月12日
所在地：東京都東村山市秋津町5-7-8
ホーム：2面2線（地上駅）
乗降人数：78,103人
キロ程：21.8km（池袋起点）

池袋線 ▶ 清瀬・秋津

かつては貨物列車がJR武蔵野線に直通していた 武蔵野線の新秋津駅とは徒歩での乗り換えとなる

　武蔵野鉄道開業から2年8ヵ月後の1917（大正6）年に開設されている。1959（昭和34）年に清瀬〜秋津間が、翌年には秋津〜所沢間が複線化された。この当時は島式ホーム1面2線で、駅舎は南側にあったが、1974（昭和49）年に相対式ホーム2面2線に改められている。貨物営業も行っており、連絡線経由でJR武蔵野線に直通していたが、1996（平成8）年にはすべての貨物営業を廃止した。

　1990（平成2）年、上り線ホームにも駅舎が設けられ、北口を開設する。これによって、南北のホームそれぞれに改札口ができた。2005（平成17）年から駅構内の改良工事を施し、上り線・下り線のホームを結ぶ跨線橋にエスカレーターとエレベーターが整備された。当駅の西側でJR武蔵野線と交差しているが、乗り換えるためには10分弱の徒歩での移動となる。

提供：西武鉄道
南側にあった旧駅舎。当時は島式ホーム1面2線で、写真左奥に2番線乗り場を示す「2」という数字がホームの屋根の下に見える。

提供：西武鉄道
まだ舗装されていない駅前の道路沿いに、酒屋、菓子店、書店、お茶屋、パン屋などの商店が並んでいた。

提供：西武鉄道

旧駅舎の構内を臨む。駅舎入り口では、お決まりの公衆電話ボックスと木製のベンチが乗客を迎えてくれている。

駅前の一角にあるラーメン店の店頭に、10台以上の自転車やバイク、乳母車が停められている。電車の利用者が置いていったものか。

提供：西武鉄道

提供：西武鉄道
駅舎脇には駅まで乗ってきたと思われる自転車が放置されている。まっすぐに延びている駅前の未舗装道路を幼児が一人で歩いている。

ところわ
所沢

開業年：1895（明治28）年3月21日
所在地：埼玉県所沢市くすのき台1-14-5
ホーム：3面5線（地上駅　橋上駅）
乗降人数：95,772人
キロ程：24.8km（池袋起点）

新宿線と乗り換えができる唯一の駅で、「停車場建築賞」を受賞した新駅舎の東口には西武鉄道本社がある

1番線ホームから本川越方面を臨む。写真には1・2番線の間に荷物電車などに使われた中線が見えるが、現在は廃止されて、2・3番線ホームは拡幅された。停車中の電車の向こうに島式ホームを結ぶ跨線橋が見えている。

1895（明治28）年に川越鉄道が国分寺～川越間を開業した際に開設された駅で、武蔵野鉄道は開業時にここに駅を設けて共用駅とした。あらかじめあった駅に進入するため、武蔵野鉄道は大きな弧を描いて入線することになった。西武池袋線と新宿線の乗り換え時に戸惑うのはこのためである。

駅の構造は単式ホーム1面1線、島式ホーム2面4線で、部分的な改良はあったものの、ほとんどが開設当時の状態にある。1983（昭和58）年に東口が設けられ、3年後にその東口に西武鉄道本社が池袋から移転してきた。

1989（平成元）年には駅構内の改良工事を行い、所沢ステーションビルをオープンさせた。そして、2010（平成22）年に新駅舎改築工事に着手し、翌々年に新橋上駅舎の西口と改札口が完成した。改良工事は2013（平成25）年にすべてを完了させた。

正面から見た旧所沢駅。大勢の人が溢れている改札口を入り、左横のトタン屋根の下を通って、跨線橋で各ホームに向かった。写真右側は路線バスの発着所になっていた。

所沢駅に停車中の西武新宿行きの電車。

COLUMN 市区町史に登場する西武鉄道④

甲武鉄道の子会社的な川越鉄道に対抗して地元資本を結集して武蔵野鉄道敷設に邁進

この武蔵野鉄道は、明治44年（1911）、飯能町出身の平沼専蔵（横浜在住）、埼玉県選出代議士粕谷義三、所沢町向山小平次ら75名によって開業免許の申請がなされた。当初は、「武陽軽便鉄道」という名称で、北豊島郡巣鴨村を起点として上練馬、大泉、片山、久留米、大和田、清瀬、所沢を経て藤沢、豊岡、元加治、飯能に至るコースが申請された。しかし、直ぐに名称も「武蔵野軽便鉄道」と改称されている。（中略）

さて、この鉄道敷設の中心となったのは飯能町、所沢町などの地元の有力な資本家であった。川越鉄道が、甲武鉄道の子会社的性格が強かったのに比べ、地元に基盤をおくものであった。（中略）

所沢町の発起人は所沢第一の織物買継商向山小平次を初め23人を数えている。当時の『埼玉新報』は、「所沢有志の意気込は格別なり、（中略）最早全町民狂熱せりといふべきか」と伝えている。（中略）こうした所沢町の意気込んだ原因の一つに当時の川越鉄道との対抗があった。（中略）

こうした武蔵野鉄道に並行する川越鉄道の動きに対し、地元所沢資本は地域の命運を賭けて、独自の鉄道施設のために結束したともいえる。この鉄道敷設において、所沢資本、換言すれば所沢町の銀行、織物商、地主層の資本が、この設立運動の中心であったといえる。

（所沢市史から抜粋）

1965(昭和40)年　池袋線・新宿線▼所沢

提供：西武鉄道

西口駅舎の前は小さいロータリーになっており、バスやタクシー方向転換に利用していた。駅舎に隣接する所沢ショッピングセンターのビルには西友が入店している。

1965(昭和40)年

提供：西武鉄道

西武新宿線下りの1番線ホームの改札脇には西武売店があり、新聞や雑誌、たばこなどを売っている。ホームには木製のベンチが置かれ、電車の到着を待つ乗客が腰を下ろしている。

1965(昭和40)年

提供：西武鉄道

単式ホームの1番線(新宿線下り)はホームの幅が広かった。左手奥に見える階段は2〜5番線ホームを結ぶ跨線橋になっている。

にしところざわ
西所沢

開 業 年：1915（大正4）年4月15日
所 在 地：埼玉県所沢市西所沢1-11-9
ホ ー ム：3面4線（地上駅）
乗降人数：24,267人
キ ロ 程：27.2km（池袋起点）

西武ドームにアクセスする狭山線の起点駅であることから、発車メロディは「吠えろライオンズ」を採用

　武蔵野鉄道の開業時に小手指駅として開業し、1918（大正7）年に現在の駅名に改称した。1929（昭和4）年に武蔵野鉄道山口線（現・狭山線）が開業すると、その起点駅となる。1955（昭和30）年当時は池袋線、狭山線ともに単線で、それぞれ島式ホーム1面2線を有し、構内踏切を使用していた。その後、1979（昭和54）年に西武ライオンズ球場（現・西武ドーム）開業に合わせて、3面4線のホームに変更した。1988（昭和63）年には新駅舎が完成するが、池袋方面以外のホームへは跨線橋を利用している。

1965（昭和40）年
下り線ホームに電車が入線してきた。ホームには木製のベンチが置かれているが、寒いためか腰をかけている人はいない。
提供：西武鉄道

1965（昭和40）年
上り線側の小手指寄りにあった駅舎。1955（昭和30）年ごろの池袋線は単線で島式ホーム1面2線、狭山線も単線で島式ホーム1面2線だったが、1979（昭和54）年に3面4線に変更された。
提供：西武鉄道

1988（昭和63）年に線路の北側に完成した駅舎で、池袋方面へは写真左に見える跨線橋を利用しなければならなかった。
提供：西武鉄道

しもやまぐち
下山口

開 業 年：1929（昭和4）年5月1日
所 在 地：埼玉県所沢市山口1254-3
ホ ー ム：1面2線（地上駅）
乗降人数：8,632人
キ ロ 程：1.8km（西所沢起点）

戦時休止、廃止ののちに復活してからは、急速な宅地化に支えられて利用者がうなぎ登りに増えた

　武蔵野鉄道山口線開業と同時に開業したが、戦時中の1944（昭和19）年に営業停止となっている。再開されたのは終戦から30年以上もたった1976（昭和51）年のことだった。折から周辺の宅地化が進み、乗降客も増えたため、1981（昭和56）年に島式ホーム1面2線とし、現在では10両編成にも対応している。

戦争で営業休止となり、その後に廃止となったが、1976（昭和51）年に再開された。付近の急速な宅地化で、乗降客が増えた。
提供：西武鉄道

せいぶきゅうじょうまえ
西武球場前

開 業 年：1929（昭和4）年5月1日
所 在 地：埼玉県所沢市上山口2090-3
ホ ー ム：3面6線（狭山線）
　　　　　1面2線（山口線）
乗降人数：10,480人
キ ロ 程：4.2km（狭山線）、2.8km（山口線）

旧山口線、戦後に再開した狭山線の終点であり、当駅〜西武遊園地間を結ぶ山口線の起点駅でもある

　武蔵野鉄道山口線開業時に村山公園駅として開設され、村山貯水池際駅、村山駅、狭山湖駅と改称を繰り返し、1979（昭和54）年に現在の駅名となった。当駅は狭山線の終点駅であるとともに、西武遊園地〜西武球場前を結ぶ山口線の終点駅でもある。

1965（昭和40）年
1978（昭和53）年に現在の位置に移転する前の狭山湖駅の駅舎。なぜか寺社風の建物になっている。翌年、現在の位置に移転し、駅名を改称した。
提供：西武鉄道

遊園地西

ゆうえんちにし

開業年：1985（昭和60）年4月25日
所在地：埼玉県所沢市山口2939
ホーム：1面1線（地上駅）
乗降人数：757人
キロ程：0.3km（西武遊園地起点）

新交通システム山口線唯一の中間駅で、西武園ゆうえんちの敷地内にあり、遊園地へのアクセスは抜群

　1985（昭和60）年に新交通システムとなった山口線（レオライナー）の中間駅として誕生した。山口線は単線のため、ホームは1面1線となっており、列車の交換は当駅と西武球場前駅の中間にある東中峰信号場で行われている。駅は西武遊園地の敷地内にあり、遊園地西口から入園することができる。

山口線を走る8500系電車。レオライナーの東側に西武園ゆうえんちが広がっている。沿線では武蔵野の雑木林がいたるところで見られる。

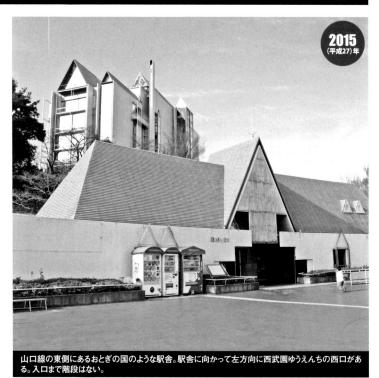

山口線の東側にあるおとぎの国のような駅舎。駅舎に向かって左方向に西武園ゆうえんちの西口がある。入口まで階段はない。

西武遊園地

せいぶゆうえんち

開業年：1936（昭和11）年12月30日
所在地：東京都東村山市多摩湖町3
ホーム：1面2線（多摩湖線）、1面1線（山口線）
乗降人数：3,079人
キロ程：9.2km（国分寺起点）、0.0km（西武遊園地起点）

多摩湖駅時代の南口の駅舎。1960年代の終わりまでは構内踏切を使用していた。板張りでの駅舎は、あまり駅舎らしく見えなかった。
撮影：荻原二郎

北口が西武園ゆうえんち中央口に直結しており、山口線の起終点駅であるとともに多摩湖線の終点駅となっている

　1936（昭和11）年に村山貯水池駅として開業した後、狭山公園前駅、多摩湖駅と改称し、1979（昭和54）年に現在の駅名となった。当駅は山口線の起点であると同時に、多摩湖線の終点でもある。1985（昭和60）年に山口線に新交通システムが導入された際に、多摩湖線ホームの北端に山口線のホームとして新設された。

新交通システム（レオライナー）となるまでは、ユネスコ村まで「おとぎ列車」が運行しており、当駅はその始発駅だった。
撮影：荻原二郎

小手指
こてさし

開業年：1970（昭和45）年11月20日
所在地：埼玉県所沢市小手指町1-8-1
ホーム：2面4線（橋上駅）
乗降人数：47,336人
キロ程：29.4km（池袋起点）

「小手指ヶ原古戦場」跡がある歴史的な街だが、高層マンションが次々に建設されて通勤客でごった返している

1970（昭和45）年に小手指ヶ原信号所が昇格して当駅となった。駅が開設された場所は、1966（昭和41）年に新設された小手指検車区（現・小手指車両基地）の分岐点だった。当時の駅舎は飯能寄りの北側にあり、島式ホーム2面4線とは構内踏切で連絡していた。1979（昭和54）年にホーム中央部に橋上駅舎を完成させ、北口と南口が設けられた。

終戦から四半世紀後にできた新しい駅だが、駅の北側を中心に高層マンションが林立する巨大ベッドタウンと化している。そのため、埼玉県内を走る池袋線の駅としては、所沢に次いで乗降者数が多い。北口に完成した小手指タワーズと駅舎はペデストリアンデッキで直結している。駅近くには国木田独歩『武蔵野』の冒頭に登場する小手指ヶ原古戦場跡があるが、今は高層住宅群の合間に埋もれてしまっている。

提供：所沢市
1970（昭和45）年に小手指ヶ原信号所が駅に昇格してできた駅舎。狭山ヶ丘寄りの北側にあった。駅前に「祝　小手指駅開業」という看板が立っている。

提供：所沢市
開業間もないころのホーム全景を狭山ヶ丘側から臨む。駅舎は手前の構内踏切の左手にあった。1979（昭和54）年に橋上駅になり、南口を開設した。

撮影：長渡朗
当駅を通過する電気機関車。西武鉄道では砂利やセメント輸送などで、さまざまな電気機関車が活躍したが、1996（平成8）年に貨物輸送は終了した。

COLUMN　西武鉄道の車両基地

**西武鉄道の安全で快適な運行を支えている車両基地
どんな列車が所属しているのか、どんな仕事をしているのか**

現在、西武鉄道は約1200両の車両を保有しており、それを安全かつ快適に走行させるために、各車両基地で厳しい保守・管理を行っている。西武鉄道の車両基地には、次のようなところがある。全般検修施設としての武蔵丘車両検修所、池袋線系統の車両基地としては保谷車両管理所、小手指車両基地、武蔵丘車両検修所、横瀬車両基地があり、新宿線系統の車両基地としては上石神井車両基地、玉川上水車両基地、南入曽車両基地、白糸台車両基地がある。

全般の検修施設である武蔵丘車両検修所は別にして、各車両基地の特徴などを見ていこう。まず、保谷車両管理所（車両基地の旧名）は2000（平成12）年まで稼働していたが、その役割を武蔵丘車両検修所に移管し、現在では電留線として使用されている。収容車両は86両。小手指車両基地は西武鉄道では最大規模の車両基地で、最大収容両数は346両となっている。所属車両は10000系、30000系、20000系、6000系、3000系、101系・301系。横瀬車両基地は社内保線輸送を支えており、貨物輸送関連に特化しているため、旅客用車両の所属はない。

新宿線系統の車両基地のなかでもっとも歴史があるのが上石神井車両基地で、いちばん都心に近い基地として知られている。ただ、2008（平成20）年以来、車両はまったく配置されておらず、電留線としての役割が多くなっている。新宿線系統で最大の車両基地は南入曽車両基地で、10000系、30000系、20000系、2000系、101系・301系が所属している。玉川上水車両基地には2000系、3000系、6000系、20000系が所属している。白糸台は多摩川線唯一の車両基地となっている。

機関車の思い出

(文・中西進一郎)

撮影：大橋一央

撮影：大橋一央

元川越鉄道の1号機で仲間は2両、メーカーはドイツのクラウス製、国鉄の10形と同型で最後の働き場は近畿地方土木事務所。淀川に売り込むために「汽車大阪工場」に入場したものの、この形式は腰高で土木工事には向いていなかった。そのため、そのまま解体かと誰もが思ったが、その後、長門鉄道に譲渡され、そこで一生を終えた。

西武鉄道5号機　メーカーは英国のナスミスウィルソンで1894年製、もちろん、明治期に造られた機関車である。この機関車は最後まで西武鉄道で働き、そのため小手指で保存された。なお、この機関車とほぼ同型、少し変わった機は日本国中にかなりの両数が存在した。国鉄の230や500、600、日本で製造された800などがそれである。

撮影：西尾克三郎

撮影：中西進一郎

1939年9月に川越で撮影された写真。撮影者は西尾克三郎氏。タイプは西武鉄道5号機と同じように1-B-1のラジアルギアー式機関車である。バックの木造建築の機関庫が時代を感じさせる。

1973年4月に小手指で撮影。当時の西武鉄道は貨物輸送が盛んで、旧国鉄の輸入電気機関車を数多く引き取り、この写真の旧ED10、ED11以外にもED12、ED36等が活躍していた。鉄道ファンにとつては「動く博物館」のようであった。これらの古豪は、新進のEDやEFが入線するまで活躍していた。

1962年3月に安比奈線の砂利採取所で撮った写真。当時は同型機が4機おり、他に小さなディゼル機関車が放置されていた。この機関車はドイツのコッペル製、元鉄道聯隊タイプEで、総数両280両で、一社では賄いきれず、USA、ボールドウイン社も手伝ったらしい。これらの機関車は戦後まもなくアメリカによってほどんど解体され、一部、運の良かった機関車が産業用で生き延びた。他に最も有名な双合機関車「双合型」と呼ばれ「2両を一組として、188組が造られた。数は少ないが国鉄籍に入り「ケ230」型と称された。「銀河鉄道鉄道の夜」で有名な当時の「岩手軽便鉄道」「現在の釜石線」にも6両が存在した。

撮影：中西進一郎

さやまがおか
狭山ヶ丘

開 業 年：1915（大正4）年4月15日
所 在 地：埼玉県所沢市狭山ヶ丘1-2980
ホ ー ム：1面2線（橋上駅）
乗降人数：25,665人
キ ロ 程：31.6km（池袋起点）

4半世紀前までセメントの貨物輸送をしていた名残りとして、今も貨物専用ホームが残されている

　武蔵野鉄道の開業時に元狭山駅として開設されるが、4ヵ月ほどで三ヶ島村駅と改称され、1933（昭和8）年に現在の駅名となった。1970（昭和45）年に橋上駅舎化されるが、1993（平成5）年に東口ができるまでは西口しかなかった。2003（平成15）年にはエレベーターやエスカレーターを設置するバリアフリー化工事が完了した。

　駅の構造は島式ホーム1面2線の地上駅で、10両編成に対応している。1990（平成2）年まで当駅～東横瀬間でセメントの輸送をしていたため、その名残として貨物専用ホームがある。また、1番ホームの西側に側線が2本あり、夜間から早朝にかけて小手指終着の10両編成列車1本を当駅に回送し、留置している。工事保守、保線用の車両が留置されることもある。この側線は所沢側で本線と接続している。

1965（昭和40）年
提供：西武鉄道
1970（昭和45）年に橋上駅舎化されるまでは、現在の西口に駅舎があった。駅前には西武ハイヤーの狭山ヶ丘営業所があり、ハイヤーが待機していた。

1965（昭和40）年 橋上化される前の駅舎。改札口の脇には移動式の売店が開店していた。西武遊園地の「ユネスコ村　春のカーニバル」を知らせる看板が立てかけられている。

提供：西武鉄道

むさしふじさわ
武蔵藤沢

開 業 年	1926（大正15）年4月1日
所 在 地	埼玉県入間市下藤沢494-4
ホ ー ム	2面2線（橋上駅）
乗降人数	23,583人
キロ程	32.9km（池袋起点）

開業以来島式ホーム1面2線で、長期間10両編成に対応していたが、橋上駅舎化によって東西自由通路と東口を開設

1926（大正15）年に開業した駅で、島式ホーム1面2線を有し、線路の西側に駅舎があったため、構内踏切を使用していた。長い間、このままで10両編成に対応していたが、1998（平成10）年に相対式ホーム2面2線に改め、同時に構内踏切を廃止した。2008（平成20）年には駅舎の橋上化と東西自由通路新設工事が完了し、橋上駅舎と東口が完成した。

1965（昭和40）年
島式ホーム1面2線の時代が長く、駅舎はホームの西側にあった。改札口を入ると、構内踏切を渡ってホームに出た。
提供：西武鉄道

1960年頃
駅前広場から駅舎を臨む。駅前は舗装されておらず、水たまりや自動車の轍が見える。駅名標は旧字の「武蔵藤澤驛」になっている。
提供：西武鉄道

1965（昭和40）年
当駅で下車したのだろうか、野球のユニフォーム姿の若者が、バットやグラブを持ちながら駅前の道を歩いていく。線路には貨車が停まっている。
提供：西武鉄道

いなりやまこうえん
稲荷山公園

開 業 年	1933（昭和8）年4月1日
所 在 地	埼玉県狭山市稲荷山1-1
ホ ー ム	2面2線（地上駅）
乗降人数	8,975人
キロ程	35.9km（池袋起点）

航空自衛隊入間基地に面しており、基地内を本線が走る特殊な立地で、基地跡地には公共施設が建っている

1965（昭和40）年
稲荷山公園1号踏切で、踏切の向こうは米軍ジョンソン基地。踏切横の小屋の中に遮断機を操作する警手がいる。
提供：西武鉄道

1933（昭和8）年に開業した当時は単式ホーム1面1線だったが、1968（昭和43）年に武蔵藤沢～入間市間が複線化したのにともない、相対式ホーム2面2線に改められた。改札は北口と南口ともそれぞれのホームの飯能側にあり、ホームは跨線橋で連絡している。駅は航空自衛隊入間基地に面しており、本線が基地の中を走っている。周辺に商業施設はほとんどない。

1965（昭和40）年
駅舎正面。左手の窓口の向こうに出札係の姿が見える。その右手の窓口は手小荷物の取り扱い所か。このころは単式ホーム1面1線だった。
提供：西武鉄道

1965（昭和40）年
稲荷山公園1号踏切からジョンソン基地を臨む。基地への出入りをチェックする守衛所が見える。
提供：西武鉄道

池袋線▶狭山ヶ丘・武蔵藤沢・稲荷山公園

入間市
いるまし

開業年：1915(大正4)年4月15日
所在地：埼玉県入間市河原町2-1
ホーム：3面4線(橋上駅)
乗降人数：35,042人
キロ程：36.8km(池袋起点)

豊岡町から現在の駅名に改称し、改良工事を経て駅ビルの「西武入間PePe」がオープンした

　武蔵野鉄道の開業時に豊岡町駅として開設され、1967(昭和42)年に現在の駅名に改称している。当時は単線区間だったが、駅名改称の翌年、当駅まで複線化される。さらに、1975(昭和50)年には仏子まで複線化された。この間の1974(昭和49)年、新ホームと橋上駅舎が完成した。

　1992(平成4)年、これまでの橋上駅舎を改築し、翌年には一連の改良工事が完了した。ペデストリアンデッキが完成し、構内改良工事で単式ホーム1面1線、島式ホーム2面4線を有する駅に生まれ変わった。また、ほぼ同時に駅ビルの「西武入間PePe」がオープンしている。当駅周辺は入間市の行政・商業の中心で、丸広百貨店入間店、サイオス、ipotといった埼玉県西部地区有数の大型店・映画館などが、駅舎からペデストリアンデッキで結ばれている。

1965(昭和40)年

提供：西武鉄道

豊岡町という駅名だったころの駅前に仏子行きのボンネットバスが乗客を待っている。駅舎には西武園ゴルフ場の従業員募集の看板や西武園競輪の開催案内の看板が立てられている。

1965(昭和40)年

提供：西武鉄道

1967(昭和47)年に入間市駅に改称されるまでは豊岡町駅と名乗っていた。駅舎内に入口があり、駅舎脇に出口が設けられていた。電車が到着したところなのか、出口にだけ駅員が立っている。

1965(昭和40)年

提供：西武鉄道

現在の駅名に改称した後の駅舎。駅名改称時は単線だったが、翌年に当駅まで複線となり、その後、隣の仏子まで複線化された。

COLUMN 市区町史に登場する西武鉄道⑤

埼玉県西部は東部より鉄道輸送で立ち遅れ、武蔵野鉄道の開業を待たねばならなかった

　明治16(1883)年7月、上野発の日本鉄道の路線が川口－大宮－熊谷といった県東部を通過して開通したため、入間・飯能等の県西武は鉄道輸送の発達において大きく立ち遅れることとなった。

　そのため、明治20年代に入っても、本市域の貨客輸送は、川越から新河岸川の舟運や、川越から入間川町を経由して国分寺に達する川越鉄道(明治28－1895年開通)に頼らなければならなかった。

　明治30年代に入って中武馬車鉄道株式会社が豊岡町を経由して青梅町と入間川町を結ぶにいたって、入間川町までの馬車鉄道の便ができたものの、本市域が鉄道によって東京と直接結び付くのは、明治の終わりも間近い明治44(1911)年2月の武蔵野鉄道の設立、大正4年4月15日の飯能・池袋間の開通を待たねばならない。

　こうして、大正という時代とともに武蔵野鉄道により池袋と直結された本市域は、昭和3年から着工した国鉄八高線が戦時体制下の9年にいたっての竣工によって、現在にかなり近い状態になるのである。

（入間市史より抜粋）

仏子 ぶし

開業年	1915(大正4)年4月15日
所在地	埼玉県入間市仏子880
ホーム	2面2線(地上駅)
乗降人数	12,193人
キロ程	39.7km(池袋起点)

駅舎は上り線、下り線のそれぞれにあり、上下線の間に中線を通して回送列車の待避に使っている

武蔵野鉄道の開業と同時に誕生した歴史のある駅だが、当時は単線だったことから島式ホーム1面2線でスタートしている。この構造は長く続き、1969(昭和44)年に当駅～笠縫信号所間が、1975(昭和50)年に入間市～当駅間が複線化しても、1977(昭和52)年に10両編成対応となった時も、従来のホームのままだった。ようやく相対式ホーム2面2線に変更されたのは、昭和50年代の半ばごろとされている。

1960年頃
当初は単線の島式ホーム1面2線で、1970年代後半に相対式ホームに改められたが、それまでずっとこの駅舎が使われていた。
提供：西武鉄道

1965(昭和40)年
駅務室から出札口を見る。棚には硬券の切符が行き先別に差し込まれている。壁には他社線を含む首都圏の路線図が貼られていた。
提供：西武鉄道

1965(昭和40)年
駅名標がなければ、ただの田舎家といった風情の駅舎。駅舎横のベンチに座っている乗客ものんびりとしている。
提供：西武鉄道

元加治 もとかじ

開業年	1926(大正15)年4月3日
所在地	埼玉県入間市野田167
ホーム	1面2線(地上駅)
乗降人数	6,828人
キロ程	41.0km(池袋起点)

貨物駅から一般駅に格上げされて西武鉄道唯一の無人駅だったが、現在は有人化されるも駅舎は北側の1カ所のみ

1960年頃
線路の北側にあった旧駅舎は木造板張りの質素なものだった。開業時の単線時代から島式ホームで、貨物線があった。
提供：西武鉄道

1926(大正15)年に開業したが、それ以前は加治荷扱所という貨物駅で、一般の駅に格上げされた形になる。当初から島式ホーム1面2線の地上駅で、改札口は駅の北側にしかない。ホームへの連絡は跨線橋を利用するが、現在はエレベーターも設置されている。当駅は西武鉄道で唯一の無人駅だったが、2009(平成21)年に有人化された。駅の敷地は入間市と飯能市にまたがっている。

1965(昭和40)年
駅舎から構内踏切を渡ってホームに至った。駅舎横に「板石塔婆 円照寺」という案内塔が立っており、絵馬寺として知られた円照寺が駅の南東にあることを示している。
提供：西武鉄道

1965(昭和40)年
出札窓口に座る駅員。乗車券は硬券で、行き先ごとにまとめられていた。窓の上に「普通旅客運賃表」が路線図とともに貼られている。
提供：西武鉄道

はんのう
飯能

開 業 年：1915（大正4）年4月15日
所 在 地：埼玉県飯能市仲町11-21
ホ ー ム：3面4線（橋上駅）
乗降人数：32,087人
キ ロ 程：43.7km（池袋起点）

池袋方面、西武秩父方面への直通列車がスイッチバックで方向を転換する西武鉄道唯一のスイッチバック型駅

武蔵野鉄道の開業時に終着駅として開設された。当初の旅客ホームは1面で、終着駅らしく機関庫や客車庫を備えていた。1929（昭和4）年に武蔵野鉄道が吾野まで延長したため、中間駅となった。しかし、池袋方面と西武秩父方面への直通列車は当駅でスイッチバックによって方向転換するため、中間駅でありながら終端駅の様相を呈している。飯能から先を西武秩父線と思い込んでいる人が多いのも、このあたりに原因がありそうだ。ちなみに、西武秩父線は吾野〜西武秩父間である。

その後、駅の構造は島式ホーム1面2線となったが、西武秩父線開業でも変更されなかった。そして現在は、島式ホーム2面3線と単式ホーム1面1線（特急専用）となっている。1989（平成元）年には橋上駅舎化し、新たに南口を設けた。これにともなって、従来の駅出入り口を北口と称すようになり、西武飯能ＰｅＰｅが入居している。

1965（昭和40）年

提供：西武鉄道

1969（昭和44）年に建て替えられて新駅舎になる前の旧駅舎。まだ、秩父線は開業していない。駅舎に「飯能納涼大会」の看板が立てかけられており、乗降客も入間川での川遊びが目的か。

1965（昭和40）年

駅前はロータリーになっていて、路線バスが発着している。駅前から市の中心街に向けては飯能銀座商店街が続いている。道路は未舗装だが、歩道が設けられていた。ビルはないが、繁華な街という印象を受ける。

提供：西武鉄道

東飯能 （ひがしはんのう）

開 業 年：1931（昭和6）年12月10日
所 在 地：埼玉県飯能市東町1-5
ホ ー ム：1面1線（橋上駅）
乗降人数：5,455人
キ ロ 程：44.5km（池袋起点）

鉄道省の八高南線開業時に開設された駅は、JR八高線の東飯能駅とともに橋上駅舎化された

　1931（昭和6）年に鉄道省（のちの国鉄）が八高南線として八王子〜東飯能間を開業した時、武蔵野鉄道も同時に当駅を開設した。1929（昭和4）年に吾野まで開業していた武蔵野鉄道にとっては、八高南線と接続する絶好の機会であった。この開業時から片面ホーム1面1線は変わっていない。1999（平成11）年、JRとともに橋上駅舎化した。

開業時からホームは片側ホーム1面1線で、このホームがある西側の駅舎を国鉄（現・JR）と共用していた。八高線への乗り換え案内板が見える。

駅構内に掲げられていた「西武運賃表」。まだ秩父線は開通していないため、終点は吾野になっている。国鉄（現・JR）との連絡運賃も表示されている。

駅前通りには商店街が続いているが、道路には信号もなく、高層建築もない。道路脇には自転車が乗り捨てられている。

西武鉄道のホーム直結していた駅舎。西武線と八高線のホームは地下道でつながっていた。駅前は広々としており、冬の陽を浴びながら乗客が電車の到着を待っている。

高麗 （こま）

開 業 年：1929（昭和4）年9月10日
所 在 地：埼玉県日高市武蔵台1-1-1
ホ ー ム：1面2線（地上駅）
乗降人数：2,855人
キ ロ 程：48.5km（池袋起点）

高麗神社から駅名がとられ、駅前には朝鮮の道祖神「将軍標」が立ち、近くにある巾着田の彼岸花の見物客で賑わう

　武蔵野鉄道が吾野まで延長した時に開設された。島式ホーム1面2線を有し、駅舎からは構内踏切でホームと結んでいた。西武鉄道が貨物営業を廃止した後も、専用線の扱いでセメントの貨物営業をしていたが、それも1996（平成8）年に廃止した。駅舎は1983（昭和58）年に新たに南側に建てられたもので、駅舎が線路より低い位置にあるため、地下道でホームと連絡している。

駅前広場に立てられた「高麗郷付近案内図」に高校生らしき男女が見入っている。左に見える「地下女将軍」は、朝鮮の道祖神である「将軍標」で、高麗神社にちなんで立てられた。

現在の駅舎は1983（昭和58）年に建てられたものだが、それ以前の駅舎は北側にあった。木造平屋の駅舎の改札を入ると、構内踏切でホームと通じていた。

むさしよこて
武蔵横手

開業年：1929（昭和4）年9月10日
所在地：埼玉県日高市横手字山下750
ホーム：1面2線（地上駅）
乗降人数：315人
キロ程：51.3km（池袋起点）

鎌北湖を経由して東吾野に至る山歩きを楽しむハイカーが利用するが、乗降客が多くないために構内踏切を使用している

　武蔵野鉄道が吾野まで延長した際に開設されたが、終戦直前の1945（昭和20）年に営業休止に追い込まれ、1954（昭和29）年には廃止されてしまう。その後、1969（昭和44）年に信号所として再開され、翌年に旅客業務を再開して駅として復活をとげている。島式ホーム1面2線の地上駅で、ホームの北端にある構内踏切で線路東側の駅舎と連絡している。

　当駅の利用者はハイカーが多く、鎌北湖を経由して東吾野駅に至るコースの人気が高い。

駅舎とホームを臨む。駅舎は東吾野寄の東側にあり、ホームとは構内踏切で連絡していた。1970（昭和45）年に駅に昇格したため、まだ駅舎が新しい。
提供：西武鉄道

ひがしあがの
東吾野

開業年：1929（昭和4）年9月10日
所在地：埼玉県飯能市平戸220
ホーム：1面2線（地上駅）
乗降人数：518人
キロ程：53.8km（池袋起点）

駅前の案内板に「ユガテ」と書かれており、山間の美しいむら「湯ヶ天」への下車駅であることを示している

　武蔵野鉄道延長時に虎秀駅として開業し、1933（昭和8）年に現在の駅名に改称した。島式ホーム1面2線だったが、1955（昭和30）年ごろはホームの長さが76メートルほどしかなく、その後162メートルに延長された。1983（昭和58）年に新駅舎ができた。駅舎とホームは構内踏切で連絡している。夜間は駅員が配置されていない。

構内踏切から島式ホーム1面2線を臨む。1955（昭和30）年当時はホームの長さが76メートルしかなかったが、その後、162メートルに延長された。
提供：西武鉄道

「ユガテ越上山コース下車駅」の看板が立っており、山間の美しい村「湯ヶ天」への下車駅であることをアピールしている。駅舎は1983（昭和56）年に建て替えられた。
提供：西武鉄道

池袋〜吾野間を走った急行「伊豆ヶ岳」
撮影：園田正雄

あがの
吾野

開業年：1929（昭和4）年9月10日
所在地：埼玉県飯能市坂石町分326-1
ホーム：1面2線（地上駅）
乗降人数：753人
キロ程：57.8km（池袋起点）

池袋線の終点、秩父線の起点駅だが、ほとんどの列車が直通運転のため、まるで中間駅のような扱いを受けている

　1929（昭和4）年に武蔵野鉄道が当駅まで延長した際に終着駅として開業した。当時の駅の構造は単式ホーム1面1線だったが、構内には大規模な石灰石の積み込み設備があり、貨物用の側線も多数見られた。1978（昭和53）年には貨物営業が廃止され、貨物駅としての使命を終えた。

　1969（昭和44）年に西武秩父線が開業し、池袋線の終点、秩父線の起点となるが、ほとんどが直通運転のため、事実上の中間駅となった。現在、当駅を始終着とする列車は、初電と終電のみとなっている。1997（平成9）年、線路の北側に新駅舎が完成した。駅の構造は島式ホーム1面2線の地上駅で、上下列車交換設備も備えており、下り2番ホーム側には側線が1本ある。駅舎からホームへは構内踏切を使用している。当駅構内には秩父線の0キロポストがある。

　駅から徒歩25分ほどのところに、秩父御嶽神社と東郷公園があり、訪れる人が多い。

西武秩父線が開業するまでは当駅が終点だった。駅舎からは奥武蔵高原の山歩きを楽しもうという乗客が大勢出てきた。
提供：西武鉄道

写真奥は駅舎、写真右は売店。1997（平成9）年に駅舎は建て替えられてモダンな駅になったが、売店は同じ場所で営業を続けている。
提供：西武鉄道

駅前にある「奥武蔵高原ハイキング案内図」。天覧山、多峰主山、日和田山、物見山、越上山などが県立奥武蔵自然公園を形成している。

にしあがの
西吾野

開業年：1969（昭和44）年10月14日
所在地：埼玉県飯能市吾野ノ平
ホーム：1面2線（地上駅）
乗降人数：357人
キロ程：61.4km（池袋起点）

奥武蔵の山歩きを楽しむ人たちの利用が多いが、駅舎とホームは構内踏切での連絡だし、自動改札機の設置もない

　西武秩父線が開通した1969（昭和44）年に開設された島式ホーム1面2線の地上駅で、貨物列車待避用の側線跡が現在も残されている。線路の西側にある駅舎から、構内踏切でホームと結んでいる。自動改札機は設置されていないが、PASMOやSuica利用者のための簡易改札機が設けられている。ハイキング客の利用が多い。

線路の西側にある駅舎。構内踏切の脇には「歓迎　高山不動尊」の横断幕が見られる。現在もほとんど変わっていない。

提供：西武鉄道

しょうまる
正丸

開 業 年：1969（昭和44）年10月14日
所 在 地：埼玉県飯能市坂元1658
ホ ー ム：1面2線（地上駅）
乗降人数：249人
キ ロ 程：64.1km（池袋起点）

駅名となった正丸峠への玄関口として開設され、駅舎はしゃれたロッジ風だが、利用者数は西武鉄道で1番少ない

やはり西武秩父線の開業とともに開設されたが、開業から間もなく駅舎を改築し、現在のロッジ風駅舎となった。駅の構造は島式ホーム1面2線で、駅舎がホームより低い位置にあるため、駅舎とホームは飯能寄りにある線路下の連絡路で結ばれている。国道299号線と西武秩父線の双方に正丸トンネルがあり、数100メートルの間隔で並行している。

急行「正丸」
（写真は高麗駅にて撮影）

開業から間もない1972（昭和47）年に現在のロッジ風駅舎に建て替えられた。駅舎は線路より低い位置に設けられている。

あしがくぼ
芦ヶ久保

開 業 年：1969（昭和44）年10月14日
所 在 地：埼玉県秩父郡横瀬町芦ヶ久保1925
ホ ー ム：1面2線（地上駅）
乗降人数：331人
キ ロ 程：70.2km（池袋起点）

駅舎が線路より低い位置にあるため、ホームへは線路下をくぐる通路によって連絡している

西武秩父線の開通とともに開業したが、3年後には駅舎を北側に移転させて現在の駅舎となった。島式ホーム1面2線の地上駅で、駅舎がホームより低い場所にあることから、線路下をくぐる通路によってホームと連絡している。日向山の南斜面には15の農園からなる「あしがくぼ果樹公園村」があり、1年を通じて果実狩りが楽しめる。

線路の北側にある駅舎は線路より下にあるため、線路下の通路を通ってホームに達する。すぐ近くに道の駅「果樹公園あしがくぼ」がオープンした。

よこぜ
横瀬

開 業 年：1969（昭和44）年10月14日
所 在 地：埼玉県秩父郡横瀬町横瀬4067
ホ ー ム：1面2線（地上駅）
乗降人数：1,801人
キ ロ 程：74.2km（池袋起点）

開業翌年に横瀬検車区を設置、その後身の横瀬車両基地では毎年「西武トレインフェスティバルin横瀬」を開催

こちらも西武秩父線開業時に開設されたが、翌年の1970（昭和45）年には横瀬検車区（現・横瀬車両基地）が設けられた。また、飯能寄りのセメント工場に貨物専用の東横瀬駅があったが、1996（平成8）年に廃止された。駅舎は線路北側にあり、島式ホーム1面2線という構造で、駅舎とホームは構内踏切で連絡している。

1969（昭和44）年の秩父線開業時に、線路の北側に建てられた駅舎。ハイキングの案内板の向こうにホームが見える。1991（平成3）年に新駅舎に建て替えられた。

西武秩父

せいぶちちぶ

開業年：1969（昭和44）年10月14日
所在地：埼玉県秩父市野坂町1-16-15
ホーム：2面3線（地上駅）
乗降人数：6,944人
キロ程：76.8km（池袋起点）

秩父線の終点で単式ホームからは特急「ちちぶ」が発着し、連絡線によって秩父鉄道への直通列車も運行している

1969（昭和44）年に西武秩父線の終点として開設された。秩父鉄道との接続駅だが、乗入れる用地がなかったため、最寄りの御花畑駅まで400メートルほど歩いて移動しなければならなかった。そこで、秩父鉄道との連絡線を設けることになり、御花畑駅の構造を1面1線から相対式ホーム2面2線に改良し、1989（平成元）年から秩父鉄道への直通運転を開始した。

当駅の構造は単式ホーム1面1線と島式ホーム1面2線の地上駅で、単式ホームは特急「ちちぶ」が発着する専用ホームとなっている。1991（平成3）年に駅に隣接する形で開業した「西武秩父仲見世通り」は、西武鉄道直営の商業施設で、飲食店や売店のほか、秩父地方の名産品を販売する店などが一堂に会している。

1969（昭和44）年10月の開業を前に、駅前の整備工事が行われていた。駅舎は県立秩父農業高校の広大な跡地を使用した。
提供：西武鉄道

秩父線開通から間もないころの駅舎。駅頭には観光客の姿が見られる。改札前には吸い殻入れが設けられていた。
提供：西武鉄道

西武秩父駅に到着した特急「レッドアロー」。
撮影：荻原二郎

ホームに少なくない人数の姿が見えることから、駅前から開業間もないころの改札口を通して構内を見たものだろう。「特急レッドアロー号で池袋・西武秩父間83分」と書かれた横断幕が下がっている。
撮影：園田正雄

西武鉄道の思い出写真 （文・髙井薫平）

1954（昭和29）年
撮影：竹中泰彦

クハ1451。西武鉄道では戦後の車両増備を国電の払い下げ車に頼っていたが、自社所沢工場で国電そっくりの車両新造も行われた。
この車両はモハ50を20メートルに引き伸ばしたような車両でクハ55の基本形によく似ている。

1955（昭和30）年
撮影：竹中泰彦

モハ151。旧西武鉄道のモハ550で川崎造船型とも言われた全鋼製車両である。主に新宿線の主力として活躍したが、用途廃止後は各地の中小私鉄に譲渡された。
現在も青森の津軽鉄道に客車として2両健在である。

キハ21。現在の拝島線の前身玉川上水線はかつて非電化路線で4両の気動車が活躍した。写真のキハ21は1938年日本車輌製の小さなガソリンカーで、東京近郊では珍しい存在だった。
玉川上水栓が電化されると、キハ22と接合、ボギー車になり電車化された。

E22電気機関車。武蔵野鉄道デキカ21を引き継いだ。池袋と所沢〜飯能間の貨物輸送に使用された。川崎造船所1927年製造で、名鉄や小田急電鉄などに仲間がいた。
現在も保谷車両管理所に保存されている。

7号蒸気機関車。かつて北所沢に米軍基地の専用側線があり、小さな機関庫に2両の蒸気機関車が常駐していた。
この7号はピッツバーグ製で、西武鉄道には珍しいアメリカ製であった。基地側線廃止後は上武鉄道に転じて主力として活躍した。現在、東品川の公園で保存されている。

1954（昭和29）年

元国鉄のED31である。1923年に飯田線の前身の一つ、伊那電気鉄道が6両導入したもので、国鉄に買収されてED31となった。
そのうち1号と2号の2両が西武鉄道に払い下げられ、是政線（現・多摩川線）で使用された。

第2部

新宿線
拝島線・国分寺線
多摩湖線・西武園線・多摩川線

1894（明治27）年、川越鉄道が国分寺〜久米川（仮）駅間の8.0kmを開業して、のちの西武新宿線の歴史が始まった。翌年には久米川（仮）〜川越間の21.7kmを開業している。さらに、1927（昭和2）年には旧西武鉄道が村山線高田馬場（仮）〜東村山間の23.7kmを開業した。1952（昭和27）年には高田馬場〜西武新宿間2.0kmを開業して、川越線東村山〜本川越を編入して路線名を西武新宿線に改称した。これによって路線総延長は47.5kmとなった。その後、国鉄（現・JR）新宿駅への乗り入れを断念し、1977（昭和52）年に西武新宿駅ビルと駅舎を完成させている。

所沢駅・撮影：田部井康修

西武新宿

せいぶしんじゅく

開業年：1952（昭和27）年3月25日
所在地：東京都新宿区歌舞伎町1
ホーム：2面3線（高架駅）
乗降人数：172,326人
キロ程：0.0km（西武新宿起点）

開業によって「村山線」から「新宿線」となり、新宿中心街や大歓楽街・歌舞伎町に隣接する大ターミナルに

　1952（昭和27）年、当駅は国鉄（現・JR東日本）新宿駅へ乗り入れることを前提とする仮駅として、現在の場所で開業した。これによって、「村山線」と呼ばれていた本川越～高田馬場間の路線が新宿まで延びたため、「新宿線」と改称することとなった。その後、1964（昭和39）年に国鉄新宿駅にステーションビル（現・ルミネエスト）が完成し、乗り入れが可能となったものの、西武新宿線がターミナル駅とするための十分なスペースを確保できないことが判明する。

　そこで、西武鉄道は乗り入れを断念して、仮駅を新宿線の起点とすることにした。1977（昭和52）年に新宿プリンスホテルとショッピングモールが入る駅ビルを建設し、ここを正式なターミナル駅としたのだった。当初の改札は正面口だけだったが、1980（昭和55）年に北口を開設している。

1965（昭和40）年
提供：西武鉄道

西武新宿駅の駅頭は今とは比較にならないほど閑散としており、出札窓口にも人影はまばら。駅横のビルに派手な看板を掲げた「珈琲音楽ミカド」が入店しているのが歌舞伎町らしいといえようか。まだ、着物姿の女性が多い。

1965（昭和40）年
提供：西武鉄道

西武新宿駅前広場から歌舞伎町方面を臨む。中華料理店や薬屋の屋根には東宝や東映などの映画の看板が上げられており、名作といわれる高倉健主演の「日本侠客伝」が上映されていたことがわかる。

1965（昭和40）年
提供：西武鉄道

駅前広場から靖国通り、国鉄（現・JR）新宿駅方面に向かう左手に西武観光案内所があった。当時はここからスキー、スケートバスを運行していた。

COLUMN 市区町史に登場する西武鉄道⑥

バランスのとれない輸送がネックだったが、ラッシュ時の増発、所要時間の短縮などで解決

　西武新宿線は、新宿を起点とし、本川越にいたる営業キロ47・7kmの路線である。西武鉄道は、西武新宿線と池袋～吾野間の池袋線（57・9キロメートル）の二大線のほか、9つの短距離支線があり、（中略）このうち53・8キロメートルが複線化されている。沿線地域の開発により、利用者は年々増加しつつあるが、反面、通勤時刻のラッシュには200％を越える乗用効率も、それ以外の時刻には定員に満たないほどの率であり、1日平均65％という数字がでている。（中略）こうした片輸送（ある時間帯に片寄って、全体のバランスがとれない輸送状態）が、混雑解決の大きな隘路となっている。

　西武新宿線では、昭和27年、6両連結を実施、以後、通勤対策として4つドアの新型車を投入、現在（昭和42年）では8両連結を実施している。輸送対策としては、準急をラッシュ時に増発し、所要時間の短縮をはかるほか、停車時間の短縮、行先延長、時間（終電時刻）の延長などを計画し、適正な輸送を行えるよう努力している。

　西武鉄道では、新宿区の発展にともない昭和27年3月、高田馬場から新宿まで路線を延長し、さらには新宿駅ビルを通して地下鉄による都心への乗り入れを計画したが、地理的条件が悪いことと、それでなくとも人口増加による問題の多い都心部への乗り入れは、かえって交通麻痺を招くことが予測されるとして中止するにいたった。

（新宿区史より抜粋）

新宿線 ▼ 西武新宿

改札口前には簡素な屋根が架けられ、その下には喫煙コーナーがある。改札は有人で、入口と出口は1ヵ所ずつしかない。ハイヒールを履いた若い女性とねんねこ半纏の中年女性のコントラストが当時を象徴している。

改札口の入口と出口に2人の駅員が配置され、その左手には臨時の改札口が見られる。ホームには屋根がなく、直射日光が降り注いでいる。なぜか臨時改札口の上に時刻表が掲げられている。

ホームに至るエントランスにも陽が注ぎ込んでいる。ごみ箱や灰皿がいたるところに設置されている。ホームへは短い階段を上がって行くようになっていた。日中のためか、乗客の姿はまばらだ。

ホームに繋がる階段を着物姿の女性が上っている。階段上の屋根を支える柱は木製で、いささか頼りない。「駅をきれいにしましょう」の標語が貼られている。伊勢丹の広告から、当時すでに立川店があったことがわかる。

上り電車が到着したところで、大勢の乗客が改札口に向かっている。1番線ホームの行き先表示は「鷺ノ宮、上石神井、西武園、多摩湖方面」となっている。まだ手荷物を扱っていたため、駅員がカートで運んでいる。

提供：西武鉄道

1967(昭和42)年

山手、中央、山手貨物線の右上が西武新宿駅。その右（東側）は歌舞伎町の繁華街で、ドーム屋根は新宿ミラノ座とスケートリンク。西武の駅舎前の広場と空地は都営バスの車庫跡で、現在は高層の新宿プリンスホテルが建っている。写真は、国鉄貨物列車事故時のもの。

提供：朝日新聞社

高田馬場

たかだのばば

開業年：1927（昭和2）年4月16日
所在地：東京都新宿区高田馬場1-35-2
ホーム：2面2線（高架駅）
乗降人数：289,810人
キロ程：2.0km（西武新宿起点）

山手線、地下鉄東西線と接続し、新宿線最多の29万人もの乗降客が利用して終日賑わっている

旧西武鉄道が開業した1927（昭和2）年に初代の高田馬場駅が開設されたが、現在の新宿線が山手線と立体交差している場所よりも下落合寄りに位置していた。翌年、山手線の東側の現在の位置に移転している。当初は島式ホーム1面2線だったが、1963（昭和38）年に上り線ホームを新設したため、それからは変則相対式ホーム2面2線となっている。ホームはJR高田馬場駅からの通し番号で、3～5番線となっており、3番ホームが下り線、4番ホームが臨時降車ホーム、5番ホームが上り線として使用されている。

改札口は早稲田通りに面した早稲田口、商業ビルのビッグボックスに直結するビッグボックス口、5番線ホームに直結する戸山口と臨時口（出口専用）の4ヵ所がある。早稲田口の高架下には、当地と縁のあった手塚治虫の漫画キャラクターが描かれた壁画がある。

提供：西武鉄道

駅の北側を走る早稲田通りから現在の駅前ロータリー付近をとらえた写真で、地下鉄東西線の入口が見える（現在はない）。駅東側は整備されておらず、バイクが走るなど雑然としている。写真左方面は早稲田に、右方面は小滝橋につながっている。

早稲田通り側から高田馬場駅舎を臨んだ写真で、右手奥が国鉄（現・JR）の、左手奥が西武新宿線の改札口となっている。左端の2本のガードは西武新宿線の上下線ガード。駅前のバス停でバスを待つ着物姿の女性たちと、ガードレールに腰掛けて休む男たちには、のんびりムードが漂う。

冬の下り線ホーム。陽の当たる4番線ホーム側で電車の到着を待っている。ホームの中央の天井からは時刻表が吊り下げられており、乗客が時刻を確かめている。ホームには新聞、雑誌の売り場が見られる。

COLUMN 市区町史に登場する西武鉄道⑦

高田馬場に手塚治虫の手塚プロがあることが縁で西武新宿線、JR山手線のガード下に壁画が誕生

　JR山手線高田馬場駅の発車メロディーが「鉄腕アトム」であることを知っている人は少なくないだろう。あのメロディーに背中を押されて、電車に駆け込んだ思い出を持つ人も多いことだろう。手塚治虫さんが率いた漫画製作会社の手塚プロが高田馬場にあることから、発車メロディーに採用されたのだという。

　同じ動機から生まれたものがもうひとつある。JR高田馬場駅と西武鉄道高田馬場駅の、それぞれのガード下に誕生した手塚作品の壁画である。ガード下というのは暗く湿ったイメージがあり、それを払しょくして少しでも明るく、元気にしたいと考えた地元住民が働きかけて実現した。最初の壁画は1998(平成10)年に設置され、ガード下でバスやタクシーを待つ人々の心を癒し続けた。それがリニューアルされたのは2008(平成20)年のことで、現在目にする壁画はリニューアルされたものになる。

　JR側高架下の壁画は「ガラスの地球を救え」をテーマに、絵巻風に朝・昼・夕・夜の1日の流れと、それに春夏秋冬の四季を組み合わせている。さまざまなシーンが描かれているが、シーンごとに人々の暮らしと風物を織り込んでいるとされる。

　西武鉄道側高架下の壁画のテーマは、高田馬場や西早稲田地域の「歴史と文化～過去から現在そして未来へ」というもの。江戸時代からの高田馬場の歴史を下敷きに、この地で起こったさまざまな出来事、未来へ伝えたい街の姿を手塚漫画に登場するキャラクターたちが表現している。当然、高田馬場生まれのアトムや、お茶の水博士も登場するし、レオの頭の上では堀部安兵衛が敵討ちをしていたりなどする。

（新宿区史より抜粋）

国鉄(現・JR)線への乗り換え口と、上り線ホームに向かう階段。ホーム右側の3番線は、上石神井、田無、所沢方面に向かう下り線専用で、左側の4番線は臨時の降車ホームとなっている。

提供：西武鉄道

しもおちあい
下落合

開 業 年：1927（昭和2）年4月16日
所 在 地：東京都新宿区下落合1丁目
ホ ー ム：2面2線（地上駅）
乗降人数：11,404人
キ ロ 程：3.2km（西武新宿起点）

各駅停車だけが停まる最初の駅で、新宿線と並行して走る新目白通りの北側には落合台地上の住宅街が広がっている

旧西武鉄道と同時に開業したが、1930（昭和5）年に当初の位置から西側に300メートルほど移転して現在の駅となった。当駅の北側を新宿線と並行しながら走る道路は新目白通りで、道路の北側には落合台地が広がっている。関東大震災後に「目白文化村」として売り出された高級住宅地で、西武鉄道の創始者である堤康次郎も私邸を構えていた。

改札入口には駅員が配置されているが、出口には駅員の姿はない。駅舎内に10円区間だけの自動券売機が設置されている。駅前はまだ舗装されていない。
提供：西武鉄道

駅前には果物屋と鮮魚店が軒を並べていた。両店とも店頭に秤があり、量り売りをしていたことがうかがえる。果物屋の左奥に駅近くの踏切が見えている。
提供：西武鉄道

上り線ホーム側に駅舎があり、1982（昭和57）年に跨線橋が架けられるまでは構内踏切を使用していた。駅頭にある円筒形の郵便ポストと丸みを帯びた電話ボックスが当時の雰囲気を伝えている。
提供：西武鉄道

なかい
中井

開 業 年：1927（昭和2）年4月16日
所 在 地：東京都新宿区中井2-19-1
ホ ー ム：2面2線（地上駅）
乗降人数：27,736人
キ ロ 程：3.9km（西武新宿起点）

山手通りと立体交差する地点にある駅で、都営地下鉄大江戸線中井駅とは隣接しているが、駅構内からの連絡通路はない

当駅も旧西武鉄道の開業と同時に設けられ、当初は島式ホーム1面2線だったが、1963（昭和38）年に相対式ホーム2面に通過線1線を加えた3線構造になった。駅舎は下り線ホームの下落合寄りにあり、跨線橋が使われている。1997（平成9）年に都営地下鉄12号線（現・大江戸線）の中井駅が開業し、乗り換え駅（徒歩による）となった。

跨線橋ができるまでは構内踏切を使用していた。踏切の脇には警手がいて、遮断機の上げ下げを操作していた。通過電車が多かったので、警手は大忙しだった。
提供：西武鉄道

駅舎は下り線ホームの下落合寄りにあり、1969（昭和44）年から跨線橋を使用するようになった。駅舎横の階段を上ったところが山手通りで、線路の上を立体交差している。
提供：西武鉄道

駅前広場を囲むように、コーヒー店、靴屋、写真店、菓子店などが軒を連ねている。駅前に西武鉄道電気部のトラックが停まり、運転手と駅員が会話を交わしている。電気系統の故障の修理か点検なのだろう。

新井薬師前 あらいやくしまえ

開業年：1927(昭和2)年4月16日
所在地：東京都中野区上高田5丁目
ホーム：2面2線(地上駅)
乗降人数：22,072人
キロ程：5.2km(西武新宿起点)

駅の南西にある縁日と骨董市で人気の新井薬師の最寄駅で、駅の西側を走る道を北にたどって行くと哲学堂公園に至る

駅名は駅から徒歩10分ほどのところにある梅照院薬王寺の通称である「新井薬師」にちなんで採用された。新井薬師では毎月8・18・28日に縁日が立ち、毎月第1日曜日にはアンティーク・フェアが開催され、骨董ファンで賑わう。当初は島式ホーム1面2線だったが、1960(昭和35)年に相対式ホーム2面2線に変更されている。駅舎は長らく南口だけだったが、1975(昭和50)年に北口を開設した。また、南口の駅舎は1981(昭和56)年に建て替えられて、新駅舎となった。

ホーム脇の沼袋側に踏切があるが、道幅が狭いためにボトルネックになりやすい。頻繁に路線バスも走っていることから、しばしば渋滞が発生する。この道を北に10分ほど歩くと、哲学堂公園に至る。哲学者の井上円了がソクラテス、カント、孔子、釈迦を四聖堂として祀って「哲学堂」とした。

1965(昭和40)年
臨時改札口には電車で運ばれてきた新聞などの荷物が無造作に置かれている。駅前には果物屋、花屋、パン屋、菓子店などが並ぶ。
提供：西武鉄道

1960年頃
1975(昭和50)年に北口が開設されるまでは、下り線ホーム側の南口だけしかなかった。線路脇に「梅照院新井薬師寺 南三丁」と書かれた大きな案内塔が立っている。
提供：西武鉄道

沼袋 ぬまぶくろ

開業年：1927(昭和2)年4月16日
所在地：東京都中野区沼袋1-35-1
ホーム：2面2線(地上駅)
乗降人数：19,724人
キロ程：6.1km(西武新宿起点)

駅の南に中野刑務所があったが、廃止されて平和の森公園となり、従来の北口に加えて南口が開設された

1955(昭和30)年に島式ホーム1面2線の外側に追い越し線を2線設けた。西武鉄道初の追い越し線敷設だった。1983(昭和58)年には相対式ホーム2面2線＋追い越し線2線に変更された。また、従来は北口のみだったのを、2000(平成12)年に南口を開設した。かつて、当駅南側には中野刑務所があったが、1983年に廃止となっている。

沼袋駅の新井薬師寄りにある沼袋氷川神社は、1477(文明9)に管領上杉氏派の太田道灌と関東公方派の豊島一族が戦った際に、道灌が布陣したといわれる。その時に必勝祈願のために植えられたという杉の切り株がある。実際の合戦は新青梅街道に近い江古田公園のあたりで行われ、同公園内には江古田沼袋原古戦場の碑が立っている。沼袋という地名は、付近一帯が妙正寺川流域の低湿地帯で沼が多かったことから発生したといわれている。

1965(昭和40)年
駅舎から駅前広場と南北に走る道路を臨む。道路の両側は商店街で、正面の第一銀行の左には派出所がある。
提供：西武鉄道

1965(昭和40)年
島式ホームだった頃の駅頭。駅舎は上り線側の野方寄りにあり、駅舎の向こう側に駅舎とホームを結ぶ跨線橋が見える。改札入口付近にはたばこを売る売店があり、店頭で公衆電話をかけている姿もある。
提供：西武鉄道

のがた
野方

開業年：1927（昭和2）年4月16日
所在地：東京都中野区野方6-3-3
ホーム：1面2線（橋上駅）
乗降人数：22,929人
キロ程：7.1km（西武新宿起点）

沼袋寄りのホームの下を環七通りが走る立体交差の駅で、駅舎の改良で南口に駅前広場とバス停ができた

2010（平成22）年に新駅舎が完成し、従来の南口に加えて、北口を新設した。沼袋側ホームの下を環七通りが立体交差で走っている。開業以来島式ホーム1面2線の構造だが、各駅停車しか停まらない駅としては、新宿線唯一の島式ホームとなっている。駅舎改良で南口に駅前広場ができ、野方駅前バス停が設けられたため、バスの便が格段に良くなった。

1965（昭和40）年

線路の南側にあった駅舎で、南側と西側の2ヵ所に出入り口があった。屋根の形は新宿線の多くの駅と共通する三角だった。駅前は舗装されているが、周辺には未舗装部分も残っている。
提供：西武鉄道

1965（昭和40）年

改札口から構内踏切に向かう通路。構内踏切は1983（昭和58）年に跨線橋ができたため、廃止になった。駅前の武蔵野信用金庫の支店ビルが、あたりを睥睨している。
提供：西武鉄道

1965（昭和40）年

橋上駅舎になる前の駅舎をホーム側から見る。白い柵に囲まれた庭が見えるが、当時の流行りだったようだ。
提供：西武鉄道

とりつかせい
都立家政

開業年：1937（昭和12）年12月25日
所在地：東京都中野区鷺宮1-16-1
ホーム：2面2線（地上駅）
乗降人数：17,509人
キロ程：8.0km（西武新宿起点）

東京府立中野高等家政女学校から駅名がとられ、東京都になって現在の駅名となったが、同名の学校は存在しない

旧西武鉄道の開業から10年後の1937（昭和12）年に、府立家政駅として開設された。駅の南に東京府立中野高等家政女学校があったことから駅名として取り入れられた。1943（昭和18）年に東京が府から都になったため、現在の駅名に改称した。当時の駅舎は鷺ノ宮寄りの下り線側にあり、相対式ホーム2面2線という構造だった。

その後、1967（昭和47）年に上り線側にも改札を開設する。上下線ホームは構内踏切で連絡していたが、1983（昭和58）年には新駅舎が完成し、ホーム間に地下道を設け、構内踏切を廃止している。

開業時からの相対式ホーム2面2線に変更はなく、駅舎は南口と北口の2ヵ所となっている。鷺ノ宮側にある踏切は、「開かずの踏切」として知られている。ちなみに、現在は都立中野高等家政女学校という学校はなく、戦後の学制改革によって都立鷺宮高校に改称された。

1965（昭和40）年

下り線の鷺ノ宮寄りにあった駅舎。1967（昭和42）年には上り線側にも改札口を設けた。駅名標が旧字の「都立家政驛」になっている。
提供：西武鉄道

1965（昭和40）年

下り線の電車が到着し、乗客が改札口を目指している。構内踏切の遮断機は下りており、電車は出発するところだ。構内踏切は1984（昭和59）年に廃止された。
提供：西武鉄道

さぎのみや
鷺ノ宮

開業年：1927（昭和2）年4月16日
所在地：東京都中野区鷺宮3-15-1
ホーム：2面3線（橋上駅）
乗降人数：29,927人
キロ程：8.5km（西武新宿起点）

高田馬場からの急行列車が最初に停車する駅で、駅の所在地は中野区鷺宮だが、駅名には「ノ」が入っている

　1965（昭和40）年、従来の折り返し用中線のある島式ホームを、島式ホーム2面3線に変更した。さらに、1975（昭和50）年には急行の10両運転開始に対応して、ホームを拡張している。1979（昭和54）年、橋上駅舎化が完成。1・2番線ホームを下り線用の島式ホームとして使用し、柵で囲われた3番線ホームは上り線ホームとして使用している。

　当駅の南側を妙正寺川が流れており、橋を渡ったところに鷺宮八幡神社がある。この社に白鷺が宿っていたことが『新編武蔵風土記稿』に記載されており、鷺宮の地名がついたといわれる。八幡神社の隣には、白鷺山福蔵院があり、山門脇に13体の石仏が見られる。

　駅の西側を南北に走っているのは西武池袋線中村橋駅とJR阿佐ヶ谷駅を結ぶ中杉通りで、通り沿いに商店街が建ち並ぶ。駅前にはバス停のスペースがなく、中杉通りから利用する。

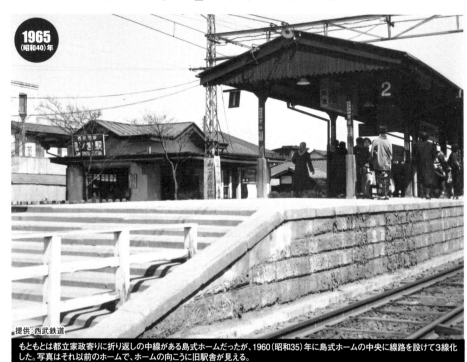
提供：西武鉄道
もともとは都立家政寄りに折り返しの中線がある島式ホームだったが、1960（昭和35）年に島式ホームの中央に線路を設けて3線化した。写真はそれ以前のホームで、ホームの向こうに旧駅舎が見える。

提供：西武鉄道
1979（昭和54）年に橋上駅舎化される前の北口駅舎。改札口は木製から金属製になり、跨線橋も設けられているが、なぜか駅構内に自転車と乳母車が置かれている。乗客からの預かりものか。

提供：西武鉄道
当時はどこの駅にも「手荷物及び小荷物扱所」や「携帯品一時預り所」があった。運賃精算窓口隣りの大きな窓口で荷物の受け渡しをした。

提供：西武鉄道
サンダル履きの女性が出札窓口で切符を求めている。駅舎横の看板には、なぜか医療機関の名ばかりが並んでいる。黒板には落し物を知らせる欄があった。

下井草 しもいぐさ

| 開業年：1927(昭和2)年4月16日
| 所在地：東京都杉並区下井草2-44-10
| ホーム：2面2線(橋上駅)
| 乗降人数：23,679人
| キロ程：9.8km(西武新宿起点)

駅西側の踏切を渡る道は新青梅街道と早稲田通りを結んでおり、南側で突き当る妙正寺川の河畔は桜の名所で知られる

　開業当初から島式ホーム1面2線だったが、1960年代後期に現在の相対式ホーム2面2線に改められた。その後、1982(昭和57)年に新駅舎が完成するが、2007(平成19)年に橋上駅舎化された。駅の西側の踏切を渡る道路は新青梅街道と早稲田通りを結んでいる。南側には妙正寺川が流れており、それをさかのぼって行くと妙正寺池にたどり着く。

下り線線路の南側にあった駅舎（現在の南口）の改札から見た駅前。停車中のバスは下井草駅～荻窪駅間を運行している関東バス。右手奥の食料品店の前を旧早稲田通りが通っている。

提供：西武鉄道
西側から見た駅舎。新宿線の駅によく見られる三角屋根をしている。駅舎への入口は、南側と西側の2ヵ所となっている。ホームとは構内踏切で結ばれていた。

提供：西武鉄道
駅舎のある南側の駅前はスペースがあり、子どもたちのたまり場にはぴったりだった。構内には手小荷物を運ぶリヤカーが見られる。

井荻 いおぎ

| 開業年：1927(昭和2)年4月16日
| 所在地：東京都杉並区下井草5-23-1
| ホーム：2面2線(地上駅)
| 乗降人数：19,615人
| キロ程：10.7km(西武新宿起点)

提供：西武鉄道
当初は島式ホーム1面2線だったが、1963(昭和38)年に写真のような相対式ホーム2面2線となり、中央に追い越し線を設けた。上下線で追い越しが行われていたが、現在は上りのみとなっている。

改札口から構内踏切を渡って上りホームに向かう。2本見える線路の手前は追い越し用の線路として使用されていた。

駅の西側で環八通りと立体交差し、駅の南北は半地下通路で連絡しており、北西方向には広大な井草森公園がある

　開業以来、島式ホーム1面2線だったが、1963(昭和38)年に島式ホーム1面2線と単式ホーム1面1線に変更し、電車の追い越しを可能にした。その後、1998(平成10)年に相対式ホーム2面3線に改良されたが、追い越しは上りのみとなった。駅の西側で環八通りと立体交差しており、駅の南北は半地下通路で連絡している。

提供：西武鉄道
下り線の上井草寄りにあった駅舎で、新宿線の駅特有の三角屋根を頂いていた。環八通りがトンネル化されるまでは、駅前に広い広場があった。

かみいぐさ
上井草

開業年：1927（昭和2）年4月16日
所在地：東京都杉並区上井草3-32-1
ホーム：2面2線（地上駅）
乗降人数：20,141人
キロ程：11.7km（西武新宿起点）

**駅の南西に上井草スポーツセンターがある
スポーツの聖地はアニメの聖地でもあり、
発車メロディは「機動戦士ガンダム」**

　相対式ホーム2面2線の地上駅で、南口、北口それぞれに駅舎がある。跨線橋は設置されておらず、改札内でのホーム移動はできない。ホームの両端が踏切に挟まれているため、8両編成の電車はわずかに踏切にはみ出して停車する。近隣にアニメの制作会社が多かったことから、アニメの聖地と呼ばれ、発車メロディーに『機動戦士ガンダム』の主題歌が使用されている。

1965（昭和40）年

南口駅舎の改札から階段を上ると下り線ホームに出る。上り線側の北口にも駅舎があるが、現在は上下線のホームは連絡していない。
提供：西武鉄道

1965（昭和40）年

北側から見た南口駅舎で、特徴的な三角屋根をしている。「石神井公園下車駅」とあるが、ここからだと徒歩で20分以上もかかる。荻窪病院は駅の南からアクセスできる。
提供：西武鉄道

1965（昭和40）年

当時は構内踏切で上下線ホームを結んでいたが、現在は廃止されて、駅東側の一般の踏切を利用している。
提供：西武鉄道

COLUMN 西武鉄道の廃線と廃駅

**100年を超える歴史を持つ西武鉄道の足跡がわかる
時代とともに消えた廃線や廃止駅はどこにあった？**

　西武鉄道の廃線としてもっとも知られているのは、2009（平成21）年にNHKの朝の連続テレビ小説『つばさ』のロケ地として全国に放映された安比奈線ではないだろうか。1925（大正14）年に入間川で採取された砂利の運搬を目的として開業したもので、現在の新宿線南大塚駅と入間川の河原の近くの安比奈駅を結ぶ貨物線だった。全長はわずか3.2km、単線の非電化路線だった。
　1967（昭和42）年、川砂利の採取が禁止となり、安比奈線は休止に追い込まれる。その後、西武鉄道の貨車の留置や解体に使用されたこともあったが、廃止も復活もすることなく休止のままで現在に至っている。つまり、正式には廃止線ではなくて休止線という扱いになっている。ただ、線路や架線柱は残されているものの、ほとんど手は加えられていない。それでも、1980年代には西武新宿～上石神井間に地下急行線を複々線で整備する計画が浮上し、同時に安比奈駅に車両基地を設置して、安比奈線を回送線とするプランも浮上したが、地下急行線計画自体が凍結されたため、復活は厳しい状況になっている。
　ということで、安比奈駅は廃駅としては扱わないが、西武鉄道で廃駅になった駅についてみていこう。まず、旧武蔵野鉄道が1929（昭和4）年に池袋～椎名町の中間に開設した上り屋敷駅。1945（昭和20）年に戦況悪化のため休止され、1953（昭和28）年に正式に廃止された。開設されたころは国鉄目白駅まで歩いて乗り換える乗客もいて、それなりの存在価値はあったが、ターミナル駅である池袋に近すぎたのかもしれない。
　同時に廃止となった駅に桜堤駅、厚生村駅、西鷺ノ宮駅がある。桜堤駅は多摩湖鉄道によって、1928（昭和3）年に国分寺～一橋大学間に開設された。その後、玉川上水の南側に移転するが、1945年に休止に追い込まれ、1953年に休止のまま廃駅となった。厚生村駅は、1939（昭和

14）年に多摩湖鉄道の駅として開業するが、1945年に休止となり、やはり1953年に廃止された。駅として営業したのは、わずか6年間だった。西鷺ノ宮駅は1942（昭和17）年に鷺ノ宮～下井草間に、現在の都立武蔵丘高校への通学の便を図る目的で開設されたが、1944（昭和19）年に閉鎖され、上記の3駅とともに廃止された。多摩湖線の駅では小平学園駅と一橋大学が廃駅になっているが、本文中で触れたため、ここでは扱わない。また、1933（昭和8）年に開設された多摩湖線の東国分寺駅は、1945年に休止となり、1954（昭和29）年に廃止された。
　1938（昭和13）年に武蔵野鉄道の駅として開業した松井村駅は、2年後に東所沢駅と改称されたものの、1945年の休止を経て、1954年に廃止された。同じく武蔵野鉄道の駅として、1931（昭和6）年に飯能駅の市街地はずれにある天覧山へ行くために、いわゆる「棒線駅」として開設されたのが天覧山駅。やはり1945年に戦時休止となり、そのまま1954年に廃止された。
　最後の廃止駅は、村山線の駅として1940（昭和15）年に花小金井～小平間に開業した東小平駅。当時は貨物用の側線も建設されるほど活動的だった。その後、戦時休止となり、1954年に小平駅に統合されて廃駅となった。花小金井～小平間は2.7kmと長いため、過去には駅復活の署名運動が行われたこともあった。

上り屋敷駅ホーム
撮影：荻原二郎

上石神井

かみしゃくじい

開業年：1927（昭和2）年4月16日
所在地：東京都練馬区上石神井1-2-45
ホーム：2面3線（地上駅　橋上駅）
乗降人数：42,451人
キロ程：12.8km（西武新宿起点）

急行が停車し、車両基地や乗務所もある主要な駅だが、西側踏切はしばしば渋滞するボトルネックとなっている

　1928（昭和3）年、当駅の東側に上石神井電車庫が開設され、現在は上石神井車両基地となっている。ただし、現在は所属車両がなく、ほとんどが電留線として使用されている。また、新宿線乗務所上石神井支所が併設されており、乗務員が当駅で交代する姿が頻繁に見られる。

　開業時から島式ホーム1面2線の構造だったが、1960年代前半に現在の島式ホーム2面3線に変更された。2面のホームに挟まれた真ん中の線は、上り線、下り線の両方で使用している。1965（昭和40）年に橋上駅舎となり、南口は西友上石神井店に直結している。

　南口、北口ともに駅前は狭く、北口の線路脇にはバス専用のロータリーがあるが、南口は一方通行の道路上にバス停があるため、常に混雑している。武蔵関側にある踏切も、歩行者と自動車で渋滞することが多い。

1965（昭和40）年に橋上駅舎化され、南口はスーパーマーケットの西友に直結した。駅前はさほど広くなく、現在はベンチを置いた小公園になっている。
提供：西武鉄道

提供：西武鉄道

橋上駅化される前の駅舎内で学生が談笑している。自動券売機が設置されているが、有人の出札口もあった。

線路の南側、武蔵関寄りにあった旧駅舎で、新宿線の駅共通の三角屋根を冠していた。当時は島式1面2線のホームだったが、その後2面3線に変更された。
提供：西武鉄道

北口の駅前で、当時は路線バスが乗り入れていたが、北口にも線路に沿った道路ができたため、現在は駅頭からのバスの発着はない。

南口から上石神井の商店街を臨む。このころは駅前まで自動車が乗り入れていたが、現在では南側の線路沿いの細い道路だけになっている。
提供：西武鉄道

提供：西武鉄道

武蔵関

むさしせき

開業年	1927(昭和2)年4月16日
所在地	東京都練馬区関町北2-29-1
ホーム	2面2線(地上駅　橋上駅)
乗降人数	28,792人
キロ程	14.1km(西武新宿起点)

青梅街道と新青梅街道の中間に位置し、東伏見寄りに線路と平行するように流れる石神井川河畔は桜並木が続く

1966(昭和41)年、従来の島式ホーム1面2線を相対式ホーム2面2線に改め、橋上駅舎となった。1977(昭和52)年にホームを延伸して10両編成対応とし、翌年には北口を開設し、西武武蔵関ステーションビルを開業する。このビルは2015(平成27)年にEmio武蔵関と改称した。

当駅の北側を線路に沿って3分ほど歩くと、日蓮宗の本立寺がある。毎年12月9、10日に開催される蚤の市「関のボロ市」が有名で、かなりの賑わいを見せる。線路を南側に渡ると石神井川にぶつかる。石神井川の河畔は桜並木になっており、桜の時期は散策を楽しむ人が押し寄せる。しばらく行くと練馬区立武蔵関公園にたどりつく。ここには武蔵野台地の湧水池である富士見池がある。富士見池は湧水を石神井川に注ぎ込むとともに、調整池の役割を果たしている。

1966(昭和41)年に島式ホームを相対式ホームに変更し、橋上駅舎になったが、それ以前の旧駅舎。駅前から西武バスが発着しているが、現在は西武バスの発着がない。
提供：西武鉄道

南口から見た駅前商店街。駅前にはバス停があり、のりば案内からじつに多方面に向けたバスが発着していたことがわかる。商店街の入口に駅前交番がある。
提供：西武鉄道

東伏見

ひがしふしみ

開業年	1927(昭和2)年4月16日
所在地	東京都西東京市東伏見2-5-1
ホーム	2面4線(地上駅　橋上駅)
乗降人数	23,904人
キロ程	15.3km(西武新宿起点)

南口駅前には東伏見稲荷の朱塗りの大鳥居が立ち、早稲田大学東伏見キャンパスや各種スポーツ施設が密集している

開業時の駅名は上保谷駅だったが、1929(昭和4)年に京都の伏見稲荷大社の勧請によって東伏見稲荷神社が創建されたのを機に、現在の駅名に改称した。1983(昭和58)年、それまでの島式ホーム2面3線を島式ホーム2面4線に変更し、橋上駅舎となった。南口には早稲田大学東伏見キャンパスが広がり、各種のスポーツ施設が集合している。

下り線側にあった旧駅舎で、1983(昭和58)年に橋上駅舎になった。写真左手に東伏見稲荷の鳥居がある。
提供：西武鉄道

南口駅前の道路は未舗装なのに、歩道が整備されている。駅前には寿司屋、中華そば店、スナックなどが並んでいるが、商店街を形成するほどではない。
提供：西武鉄道

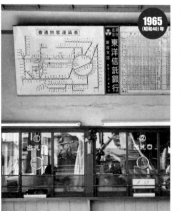

橋上駅舎化される前の旧駅舎の構内。旅客運賃表の下に出札口がふたつ並んでいるが、片方は〆切となっている。
提供：西武鉄道

新宿線▼上石神井・武蔵関・東伏見

せいぶやぎさわ
西武柳沢

開 業 年：1927（昭和2）年4月16日
所 在 地：東京都西東京市保谷町3-11-24
ホ ー ム：2面2線（橋上駅）
乗降人数：16,181人
キ ロ 程：16.3km（西武新宿起点）

南口は都営住宅や大型の集合住宅が建ち並ぶ住宅地で、駅前ロータリーからは各方面への路線バスが発着している

1960年代末に島式ホーム1面2線から相対式ホーム2面2線に変更し、1970（昭和45）年には橋上駅舎となった。1977（昭和52）年には準急の10両編成に対応するためにホームを延伸させた。当駅の南側は大型の集合住宅や都営住宅が集まっている。駅前はロータリーになっており、JR吉祥寺駅、三鷹駅などへのバスが発着している。

駅務室内にダルマストーブが据え付けられており、薬缶が乗せられている。駅員の誰かが洗ったのか、白い手袋が針金にぶら下げられている。

上り線の東伏見寄りにあった旧駅舎で、改札を入った左手に構内踏切があり、島式ホームと連絡していた。1970（昭和45）年に橋上駅舎になった。

提供：西武鉄道

ホームから改札口と駅前広場を臨む。改札から構内踏切までの通路両側は白く塗った木の柵が続いている。

提供：西武鉄道

橋上駅舎となった後の北口。駅舎が真っ四角のビルになったからか、無機的な感じが漂っている。

たなし
田無

開 業 年：1927（昭和2）年4月16日
所 在 地：東京都西東京市田無町4-1-1
ホ ー ム：2面3線（橋上駅）
乗降人数：73,509人
キ ロ 程：17.6km（西武新宿起点）

上下本線に挟まれた待避線の中線がある島式ホーム2面3線という特徴的な駅で、北口再開発で駅前ロータリーができた

開業時からの島式ホーム1面2線を、1961（昭和36）年に島式ホーム2面3線に変更し、翌年には橋上駅舎化している。この構造は上石神井駅と同様なもので、上下本線に挟まれた中線は待避線として使用されている。1996（平成8）年、長い間懸案とされていた駅北口の再開発事業が完了し、駅前にロータリーが完成した。また、再開発ビルのアスタビルまでペデストリアンデッキが延びた。1999（平成11）年には北口駅舎が完成し、当駅は装いを一新した。

田無という地名はめずらしいが、このあたり一帯が武蔵野台地上にあり、水田がなかったことからこう呼ばれるようになったとされている。青梅街道と所沢街道の分岐点であることから、交通の要衝として大きな存在だった。とくに青梅街道の宿場町として栄え、今も宿場町らしい重厚な街並みが残っている。

1962（昭和37）年に橋上駅舎化されるが、それ以前の旧駅舎。島式ホーム1面2線の頃で、写真の右手にある構内踏切を渡ってホームに向かった。

提供：西武鉄道

新宿線▶西武柳沢・田無・花小金井

提供：西武鉄道

橋上駅の南口跨線橋。商店街のある北口は賑やかだが、住宅街の南口は静かな雰囲気がある。なんの飾り気もない階段が、妙に幅広にできている。

提供：西武鉄道

1961（昭和36）年に島式ホーム1面2線から2面3線に改められた。3本ある線路の真ん中を西武新宿行きの上り電車が走って行く。

提供：西武鉄道

橋上駅舎となってからの改札口。下駄履き、割烹着姿の女性が跨線橋を歩いて線路を越してゆく。

提供：西武鉄道

ホームから改札口を臨む。このころはどこの駅でも、駅構内に植え込みなどの庭をつくっていた。

はなこがねい
花小金井

開業年：1927（昭和2）年4月16日
所在地：東京都小平市花小金井1-10-5
ホーム：1面2線（橋上駅）
乗降人数：54,184人
キロ程：19.9km（西武新宿起点）

橋上駅舎となって南口が新設され、駅の西側を南北に走る小金井街道を南下すると小金井公園の緑が広がる

　以前は田無駅と同様の島式ホーム2面3線だったが、のちに中央の線路が撤去されて島式ホーム1面2線となった。1998（平成10）年に橋上駅舎が完成し、南口も開設して、新しい駅に生まれ変わった。北口、南口ともに駅前ロータリーが整備されており、さまざまな方面へのバスが発着している。駅の西側を南北に走る小金井街道にもバス停がある。

　小金井街道を南下するとゴルフの名門コースとして知られる小金井カントリークラブに行き着く。さらに南下した街道の東側には、緑豊かな小金井公園が広がる。この公園の南側を五日市街道が走っており、並行するように玉川上水が流れている。上水の堤には約6キロにわたって桜が植えられており、江戸時代から「小金井桜」と呼ばれる桜の名所として有名だった。当駅の駅名は小金井桜にちなんで名づけられたという。

提供：西武鉄道

橋上駅舎化される前は田無寄りの北側に駅舎があった。1974（昭和49）年に跨線橋ができるまでは、構内踏切を使用していた。駅前に吉祥寺駅行きのボンネットバスが停まっている。

小平
こだいら

開業年：1927（昭和2）年4月16日
所在地：東京都小平市美園町1-34-1
ホーム：2面4線（橋上駅）
乗降人数：37,839人
キロ程：22.6km（西武新宿起点）

北口から都営小平霊園入口までは直結しており、大きなロータリーが設けられた南口からは小平団地や学園町に繋がっている

当駅開業の翌年の1928（昭和3）年、駅の西側に多摩湖鉄道の小平駅が開業し、翌年に本小平に駅名を改称した。1949（昭和24）には本小平駅を統合し、1968（昭和43）年に橋上駅舎となった。島式ホーム2面4線の構造で、所沢・拝島側で新宿線と拝島線が平面交差している。

新宿線と新青梅街道に挟まれるような形で都営小平霊園があり、北口からアクセスするが、霊園入口まではまるで参道のようになっている。北口駅前の道路は狭く、春秋のお彼岸などでは大変な交雑になる。ロータリーの設置が課題だが、まだ見通しは立っていない。

一方、南口に大きなはロータリーが設けられており、西武バスが発着している。駅からまっすぐ南に延びている道路は通称「あかしあ通り」で、小平団地や学園町などに繋がっている。

1960年頃

提供：西武鉄道

久米川寄りの線路北側にあった旧駅舎で、1968（昭和43）年に橋上駅舎になった。当時は新宿線用の島式ホーム1面2線と、多摩湖線用の短いホーム1面1線があった。

1965（昭和40）年

提供：西武鉄道

新宿線のホームからは、この構内踏切を渡って改札口に出ていた。多摩湖線の線路の向こうに小平霊園の前に林立する石材店の一角が見えている。

1965（昭和40）年

提供：西武鉄道

新宿線のホーム。1番線が上り、2番線が下りのホームで、屋根はホーム中ほどにあるだけだった。写真手前の石段を下りて構内踏切を渡った。

COLUMN 市区町史に登場する西武鉄道⑧

停車場の位置をめぐって対立が起き、小平村の「開発」という期待が揺らいだ

（川越鉄道の）仮免許下付後の1891（明治24）年（中略）5月に「川越国分寺間鉄道収支予算表」がまとめられた。そのなかで「停車場設置の予言」として、川越、入間川、所沢、小川の4か所をあげ、小川を停車場候補とした理由として、「諸物産所沢に乏く、最も多きは蕎麦なり」と書いている。（中略）東西交通の結節点であり、通船の際にも流通の中心地としての地位を強めていた小川しかないという認識が一般的であったのだろう。（中略）

1895年3月21日、川越まで全線開通となった。久米川仮停車場は「仮」であったことから、全通とともに撤去された。しかし、東村山村の住民は（中略）「上願書」を提出して撤去中止を求めた。（中略）地域流通網の中心となる停車場の位置をめぐって、小平村と東村山村との間で綱引きがおこなわれたのである。

東村山村ではあらためて、用地代、その他費用として東村山村各地域から寄付を集め、会社側に停車場の設置を要求した。（中略）この願いは許可され、東村山停車場が8月6日に開設された。この東村山停車場の開設によって、青梅街道西部地域の停車場は2か所となった。その結果、流通の中心地としての小平村の「開発」という（中略）期待は、揺らいでしまったのである。

（小平市史より抜粋）

くめがわ
久米川

開業年：1927（昭和2）年4月16日
所在地：東京都東村山市栄町2-3-1
ホーム：2面2線（地上駅）
乗降人数：31,761人
キロ程：24.6km（西武新宿起点）

上下線それぞれのホーム側に駅舎があり、ホーム間は跨線橋で結ばれているが、南北を貫く自由通路はない

開業以来、島式ホーム1面2線の構造だったが、1966（昭和41）年に相対式ホーム2面2線に改められた。1981（昭和56）年に新しい駅舎が完成し、2010（平成22）年には北口に新駅舎が完成した。ホーム間は跨線橋で結ばれているが、南北を貫く自由通路がないた。ホームすぐ脇の東村山側に踏切があり、ここを通って南北の駅舎に向かう人が多い。

島式ホーム1面2線だった当時の駅舎。1966（昭和41）年に相対式ホーム2面2線に変更された。駅舎の前に屋根のあるガレージがあるのがめずらしい。 提供：西武鉄道

東村山方面から見た駅舎と構内。駅前で屯する人、構内踏切を渡る人、ホームで電車を待つ人の姿が見られる。 提供：西武鉄道

駅前の道路沿いには商店が並んでいる。「久米川ストア」というのは、さまざまな店舗が集合したものか。駅前らしい繁雑さは感じられない。 提供：西武鉄道

ひがしむらやま
東村山

開業年：1894（明治27）年12月21日
所在地：東京都東村山市本町2-3-32
ホーム：3面6線（橋上駅）
乗降人数：46,831人
キロ程：26.0km（西武新宿起点）

新宿線、国分寺線、西武園線が乗り入れる主要駅で、新宿線の特急「小江戸」の停車駅にもなっている

1894（明治27）年に川越鉄道久米川仮駅として開業し、翌年に現在の駅名に改称した。1927（昭和2）年の旧西武鉄道村山線の開業とともに駅舎を新築する。1971（昭和46）年には橋上駅舎となり、東口ロータリーが完成した。2013（平成25）年から特急「小江戸」の停車駅になった。新宿線、国分寺線、西武園線の3路線が乗り入れている。

駅前の東村山商店街。プロパンガスを運ぶトラックが走っているのは、都市ガス化がなされていなかったからか。商店街にビルは見られない。 提供：西武鉄道

所沢寄りの西側にあった駅舎で、出入り口は線路と平行する北側を向いている。1971（昭和46）年に橋上駅になった。駅前はまだ舗装されていない。 提供：西武鉄道

駅前商店街入り口の看板。狭山ヶ丘幼稚園の看板では、スクールバス使用を売り物にしている。毛糸専門店が看板を出したのは、編み物がブームだったからか。

航空公園
こうくうこうえん

開業年：1987（昭和62）年5月28日
所在地：埼玉県所沢市並木2丁目
ホーム：2面2線（橋上駅）
乗降人数：28,006人
キロ程：30.5km（西武新宿起点）

新宿線ではもっとも新しい駅で、東口駅前からは両側に広い歩道を備えた並木通りが一直線に延びている

　1987（昭和62）年に開業した新宿線ではもっとも新しい駅で、所沢が日本の航空発祥の地であることから所沢航空記念公園が開設され、そこから駅名がとられた。駅舎は複葉機のアンリ・ファルマン号をイメージしたデザインとなっており、関東の駅百選に選定された。東口の駅前には、国産航空機のYS11が静態保存されている。これは1969（昭和44）年に製造されたもので、1997（平成9）年に引退したエアーニッポンの機体である。

　東口駅前からは一直線の並木通りが延びており、広い歩道が開放感を与える。駅を背にして並木通りの左手には所沢パークタウンが建ち並び、右手には所沢市役所をはじめとする公共機関が散在している。市役所の裏手は所沢航空記念公園で、広大な敷地は市民の憩いの場になっている。公園内には所沢航空発祥記念館も開設されている。

1987（昭和62）年に開業した駅舎。駅舎はアンリ・ファルマン号をイメージしたデザインとなっている。左に見えるモニュメントは「天翔」。

新所沢
しんところざわ

開業年：1951（昭和26）年6月11日
所在地：埼玉県所沢市緑町1-21-25
ホーム：2面4線（橋上駅）
乗降人数：54,975人
キロ程：31.7km（西武新宿起点）

「しんとこ」の愛称で親しまれている西武鉄道初の橋上駅で、すべての路線バスは東口ロータリーから発着している

　1938（昭和13）年に所沢飛行場前駅として開業するが、軍の施設が明らかになるような駅名はふさわしくないとして、3年後に所沢御幸町駅に改称する。戦後の1951（昭和26）年には旧駅舎をほぼ現在の位置の北に移設して、北所沢駅を名乗った。その後、1959（昭和34）年に現在の駅名に改称する。

　1962（昭和37）年には橋上駅舎を完成させ、西武鉄道初の橋上駅舎となった。さらに、1994（平成6）年から駅舎とホームの改築工事に着手し、1996（平成8）年にホームを1面2線から2面4線へ拡張させ、追越・待避が可能になった。また、2000（平成12）年には航空公園側の踏切を立体交差化し、新所沢跨道橋として開通させている。

　駅には東口と西口があり、1984（昭和62）年に東口にロータリーが完成してからは、すべての路線バスは東口から発着するようになった。

北所沢駅時代の駅舎と構内を臨む。駅舎と構内踏切で結ばれたホームには、ほんのわずかしか屋根がない。

1962（昭和37）年に西武鉄道初の橋上駅舎となった後の西口。駅名標の下に、改札口に続く階段がある。駅前には大量の放置自転車が見られた。

(新所沢駅の続き)

1964(昭和39)年

新宿線▼航空公園・新所沢・入曽

当駅の東側上空から撮影した駅舎とその西側に広がる公団新所沢団地。旧住宅公団が1〜4期までの団地を完成させた。

提供：所沢市

1965(昭和40)年

駅前に食堂や精肉店が見えるが、商店街を形成するほどではない。1950年代から周囲の宅地化が進んだ。駅周辺には、当時も今も茶畑が広がっている。

提供：西武鉄道

いりそ
入曽

開業年：1895(明治28)年3月21日
所在地：埼玉県狭山市大字南入曽字堂ノ前原567
ホーム：2面2線(地上駅)
乗降人数：18,327人
キロ程：35.6km（西武新宿起点）

東口と西口の双方に駅舎があり、ホーム間は跨線橋で結ばれているが、東西を連絡する自由通路はない

1895(明治28)年に川越鉄道の駅として開業し、西武鉄道の駅としては国分寺・小川・東村山に次いで古い。当駅と同時に開業したのは、所沢・入間川(現・狭山市)・川越(現・本川越)の3駅のみ。駅舎は上り線側の東口と下り線側の西口にそれぞれあり、ホームは跨線橋で結ばれている。当駅の新所沢寄りに南入曽車両基地がある。

1960年頃

上り線ホームに面していた駅舎。駅前広場は子どもたちの遊び場になっていた。1980(昭和55)年に跨線橋ができ、構内踏切は廃止された。

提供：西武鉄道

1965(昭和40)年

改札口の入口と出口のそれぞれに駅員が立っている。待合室やホームに人の姿があることから、電車の到着が近いらしい。

提供：西武鉄道

狭山市

さやまし

開業年：1895（明治28）年3月21日
所在地：埼玉県狭山市入間川1-1-1
ホーム：2面2線（橋上駅）
乗降人数：40,480人
キロ程：38.6km（西武新宿起点）

入間川駅として開設され、駅舎新築とともに現在の駅名に改称
西口の再開発と駅舎の改築で橋上駅舎と東西自由通路が完成した

　川越鉄道が全線開業した1895（明治28）年に入間川駅として開設された。1979（昭和54）年には新駅舎が完成し、同時に現在の駅名に改称した。また、2008（平成20）年からは西口再開発と駅舎の改築工事が始まり、2010（平成22）年に橋上駅舎と東西自由通路が完成した。西口の再開発事業も2012（平成24）年に完了している。

　駅舎改築工事にともなって、2010年には駅構内にコンビニエンスストアTOMONYが開店し、翌年にはEmio狭山市が開業した。さらに、西口再開発によって、駅から再開発ビルのスカイテラスまでをペデストリアンデッキで結ぶこととなった。スカイテラスには商業棟、住宅棟、駐車場、狭山市産業労働センター、狭山市民交流センターなどがあり、再開発事業の完了によって、狭山市の玄関口の様相はまさに一変した。

1965（昭和40）年
提供：西武鉄道

入間川駅時代の駅舎で、ホームの西側中央にあった。1979（昭和54）年に現在の駅名に改称し、ステーションビルができたが、同ビルは再開発のため解体された。

1965（昭和40）年
提供：西武鉄道

入曽側からホームを見る。上下線のホームは構内踏切で結ばれていた。下り線ホームの中央に駅舎が見える。ホームの一部だけに屋根がある。

1965（昭和40）年
提供：西武鉄道

入間川駅の駅舎内。窓際にベンチが設けられており、売店では新聞や雑誌が売られている。割烹着姿の女性が販売員か。新聞各紙の値段が手書きされている。

COLUMN 市区町史に登場する西武鉄道⑨

堤康次郎西武鉄道社長の決断で、「黄金列車」の運行を始めた

　戦中から戦後の一時期、現在の西武鉄道は西武農業鉄道と称した。昭和19年（1944）6月に発足した食糧増産株式会社と、西武鉄道が合併してできた会社である。さらにこの西武農業鉄道は、糞尿を運搬したため別名を「黄金列車」といわれていた。

　人間は生きているから食う。食うから出る。食うや食わずといった戦時下でも、大東京の日々放出するその量は3万8000石。2日たまれば7万6000石。10日たまれば38万石、まごまごしていればすぐ100万石はなんでもないという盛況だからたまらない（堤康次郎『苦闘三十年』）。

　せっぱつまった東京都民の難問題を頼まれたのが、同社社長の堤康次郎であった。彼は糞尿専用タンク車150両を建造し、西武・武蔵野の両沿線に27万1000石（約4万8780立方メートル）の貯溜槽を設けて配送し、帰りには野菜を積んで帰京するという構想を立てた。しかし、前述の状況ではそれまで待っていられず、19年9月には普通貨車による臨時運行という形で「黄金列車」は走り出したのであった。実際に貯溜槽と専用車両が完成して実力を発揮したのは、11月になってからである。

　受け入れ側の農村も人手不足に変わりはなかった。沿線数10か所の肥溜は、毎日2万石にのぼる供給に応じきれず、どこもかしこも満杯というありさまになった。

（狭山市史より抜粋）

しんさやま
新狭山

開業年	1964（昭和39）年11月15日
所在地	埼玉県狭山市新狭山3丁目
ホーム	2面2線（橋上駅）
乗降人数	21,171人
キロ程	41.3km（西武新宿起点）

新宿線では比較的新しい駅で、今では入間川対岸の柏原ニュータウンや西武文理大学の最寄駅になった

1964（昭和39）年開業の比較的新しい駅で、当初の単式ホーム1面1線の構造から、1966（昭和41）年に相対式ホーム2面2線に変更し、同時に駅舎を橋上化した。駅には北口と南口があるが、とくに北口は電線や電柱が地中化されているため、空が広く感じることから「すかいロード」と呼ばれている。南大塚にかけて、沿線には川越狭山工業団地が続く。

駅前には畑や空き地が目立つ。写真の奥では工場建設が始まっており、川越狭山工業団地が造成されていた。
提供：狭山市

1964（昭和39）年に開業した当時の駅舎。1966（昭和41）年には橋上駅舎化されたから、この駅舎はわずか2年ほどで役割を終えている。駅前は潔いほどなにもない。
提供：西武鉄道

みなみおおつか
南大塚

開業年	1897（明治30）年11月14日
所在地	埼玉県川越市南台3-14
ホーム	2面2線（橋上駅）
乗降人数	15,415人
キロ程	43.9km（西武新宿起点）

かつては貨物線の安比奈線の起点駅だったが休止となり、今は川越狭山工業団地に通う利用者が多い

1897（明治30）年に川越鉄道の駅として開業した。その後、1925（大正14）年に貨物線の安比奈線が開業し、その起点駅となったが、同線は1967（昭和42）年に休止した。1980（昭和55）年には従来の駅舎を新狭山側に100メートルほど移動させ、橋上駅舎とした。隣の新狭山駅と同様に、川越狭山工業団地に通う利用者が多い。

改札口から駅舎内と駅前広場を臨む。簡素な改札口で、駅員が立つ場所すらない。駅舎内には水が打たれている。
提供：西武鉄道

下り線ホーム側にあった駅舎。1980（昭和55）年に橋上駅舎化された。駅頭に日の丸の旗が掲げられているのは、なにかの祝祭日だからか。
提供：西武鉄道

下り線ホームの新狭山方から構内を臨む。駅舎は下り線ホームに面しており、写真の奥には構内踏切が見えている。
提供：西武鉄道

本川越

ほんかわごえ

開業年：1895(明治28)年3月21日
所在地：埼玉県川越市新富町1-22
ホーム：2面3線(地上駅)
乗降人数：48,880人
キロ程：47.5km(西武新宿起点)

川越鉄道の開業と同時に川越駅として開設され、現在の駅名に改称した後に現在地に移転し、江戸風情を楽しむ観光客を集めている

川越鉄道が開業した1895(明治28)年に川越駅として開業した。その後、1940(昭和15)年に国鉄(現・JR)が川越線を開業したため、現在の駅名に改称している。また、1953(昭和28)年には駅舎を現在の位置に移動した。さらに、1990(平成2)年の駅構内改良工事によって、従来の3面5線のホームを1面2線としたが、1998(平成10)年にはホームを改修して、現在の頭端式ホーム2面3線とした。1991(平成3)年にはステーションビルを完成させ、その一角を駅が占めることになった。改札口はホーム北端の1階と、西武本川越PePeや川越プリンスホテルに直結する2階にある。

新宿線は本川越駅手前の脇田信号所を過ぎて当駅に到着する。この脇田信号所～本川越駅間の約900メートルは、新宿線で唯一の単線区間となっている。

1960年頃

川越大師喜多院の初大師(1月21日)でごった返す駅頭。駅前にはさまざまな方面に向けて発着するバス停があった。駅舎は1991(平成3)年にステーションビルの中に入った。
提供：西武鉄道

1965(昭和40)年

駅前ロータリーの中心に立つ巨大な塔に、西武園競輪の開催予告が大書されている。レストランの屋根上にも「清酒 力士」の大看板が掲げられている。まだ、駅前にビルは建っていない。
提供：西武鉄道

1965(昭和40)年

駅前の西武の観光案内所前は路線バスの駐車場になっていた。ボンネットバスは市内を走る路線バスだが、右のバスは大宮駅西口までの長距離を走る。
提供：西武鉄道

1965(昭和40)年

広々とした駅前ロータリーをバスや乗用車などが利用している。道路には信号がなく、歩行者は自由に道路を渡っている。2階建て以上の高い建物は、まったく見られない。

新宿線▶本川越

1965（昭和40）年

新宿線の終点である当駅の駅舎から、大勢の乗客が吐き出されてきた。停車中のボンネットバスがドアを開けて乗客を待っている。駅舎を含めて高層な建物はない。

提供：西武鉄道

提供：西武鉄道

COLUMN 市区町史に登場する西武鉄道⑩

新河岸川の舟運を独占的に掌握していた川越商人は自分たちの地域を通る鉄道の敷設には消極的だった

　川越町に最初に鉄道が登場したのは明治20年代末である。いわゆる川越鉄道の創設がそれであるが、これは埼玉県下における鉄道敷設としては三番目のものであった。県下ではすでに10年代の後期において、日本鉄道会社による高崎・東北両線の開通が成し遂げられており、これによって浦和・大宮・熊谷・深谷などの町がいち早く首都東京との間に鉄道輸送を開始していた。川越は近代社会経済の発達にとり、最も重要な交通手段である鉄道の建設に関して、これらの町に遅れをとることになったわけである。この点は明治維新以降の川越町の歴史に色濃く見られる「停滞性」を考える上で、きわめて大きな要因だと思われる。

　ところで、川越鉄道の創設も実は川越の商人達ではなく、高麗郡の在地有力者や甲州系資本家の力によって実現されたものである。明治23年2月23日、内務大臣に提出された「川越鉄道布設仮免状願」の全文と発起人の氏名はつぎに掲げるとおりである。（中略）

　以上の発起人の中には川越在住の者は一人も含まれていないのである。（中略）

　なぜこのように川越の商人層は川越鉄道の創設に無関係だったのだろうか、（中略）江戸時代初期から新河岸川の舟運は、川越地方と江戸を結ぶ最大の動脈となってきたが、（中略）

このような関係下で新たに登場した川越鉄道は、川越の商人には商品集散地としての川越の地位を低下させるものとして受けとられざるをえなかった。

（川越市史より抜粋）

はぎやま
萩山

開 業 年：1928（昭和3）年4月6日
所 在 地：東京都東村山市萩山2-1-1
ホ ー ム：2面3線（地上駅　橋上駅）
乗降人数：10,153人
キロ程：1.1km（小平起点）

1958（昭和33）年に現在の場所に移転した後の旧駅舎。駅舎から島式ホームへは構内踏切を使用していた。1967（昭和42）年に橋上駅舎になった。
撮影：荻原二郎

多摩湖線と拝島線が交差するように乗り入れており、2本架かっている跨線橋の小平寄りの跨線橋上に駅舎がある

1928（昭和3）年、多摩湖鉄道の終点として開業したが、駅舎は現在の萩山保線区の付近にあった。1958（昭和33）年に現在地に移設され、1962（昭和37）年に上水線（現・拝島線）が接続された。ホームには2本の跨線橋が架かり、小平寄りの跨線橋が橋上駅舎になっている。北口と南口に小さなロータリーがあるが、路線バスは乗り入れていない。

1964（昭和39）年に橋上駅舎化される前の当駅。おなじみの三角屋根を頂いた駅舎の駅務室側屋根からは煙突が突き出している。
提供：西武鉄道

おがわ
小川

開 業 年：1894（明治27）年12月21日
所 在 地：東京都小平市小川東町1-20-1
ホ ー ム：2面4線（地上駅　橋上駅）
乗降人数：29,124人
キロ程：2.7km（小平起点）

国分寺線と拝島線の電車が3両、同時に上下線ホームに停まっている。構内踏切を渡る人の姿が見える。右端の電車は国鉄から払い下げられた311系電車。
提供：西武鉄道

西武鉄道最古の駅のひとつで、国分寺線と拝島線が同時進入できるように、島式ホーム2面4線を使い分けている

川越鉄道が開業した1894（明治27）年に開設された。1962（昭和37）年に小川～萩山間が開業し、国分寺線と上水線（現・拝島線）が接続する駅になった（島式ホーム2面4線）。東口の駅前から駅東通りが府中街道に向かって走っているが、このあたりは陸軍兵器補給廠小平分廠があったところで、現在はブリヂストン東京工場になっている。

1964（昭和39）年に橋上駅舎化された西口。1968（昭和43）年には国分寺線と拝島線が同時に進入できるように、配線が改良された。
提供：西武鉄道

ひがしやまとし

東大和市

開業年：1950（昭和25）年5月15日
所在地：東京都東大和市桜が丘1-1415-1
ホーム：2面2線（高架駅）
乗降人数：25,130人
キロ程：5.7km（小平起点）

新宿線・拝島線 ▶ 萩山・小川・東大和市

駅前を青梅街道が走り、駅北側にはビッグボックスやスケート場が、駅南側には都立薬用植物園や野火止用水がある

　1950（昭和25）年の開業時には青梅橋駅と名乗っていた。駅の前を走る青梅街道が野火止用水を渡る橋が青梅橋と呼ばれていたことからの命名だった。1979（昭和54）年に現在の駅名となり、その翌年に高架駅となった。小川寄りに改札口があり、高架化にともなって駅の北側にロータリーと駅前広場ができた。ロータリーからは東村山や久米川方面への路線バスが頻繁に発着している。

　ロータリーに直面してビッグボックス東大和と東大和スケートセンターがある。ビッグボックスにはインドアテニス、ボウリング、カラオケなどの娯楽施設が集まっている。駅の南側には都立薬用植物園（入園無料）があり、栽培が禁止されているケシの花などの薬用植物が観察できる。また、植物園沿いには「雑木林のみち　玉川・野火止コース」という散策路が設けられている。

1965（昭和40）年

提供：西武鉄道

年に改称するまでは「青梅橋」を駅名としていた。駅舎は上り線側の小川寄りにあった。1980（昭和55）年には高架駅になっている。

1965（昭和40）年

1950（昭和25）年に開業してから、1979（昭和54）年に現在の駅名に改称するまでの旧駅舎。翌年に橋上駅舎になっている。駅からは野球少年たちが出てきている。

提供：西武鉄道

玉川上水
たまがわじょうすい

開業年：1950（昭和25）年5月15日
所在地：東京都立川市幸町6-36-1
ホーム：2面3線（地上駅　橋上駅）
乗降人数：40,571人
キロ程：7.2km（小平起点）

当初は上水線の駅として開設され、その後拝島線となり、現在は多摩都市モノレールと同一平面上で乗り換えができる

1950（昭和25）年に上水線の小川～当駅間が開通したことによって開設された。1968（昭和43）年には上水線を当駅～拝島間に延伸させ、路線名を拝島線に変更した。さらに、1998（平成10）年に多摩都市モノレールが開業すると、橋上駅舎化することで、同じ平面での乗り換えを可能にした。拝島線の線路上に跨線橋を設け、自由通路としている。

当駅～小川が開通し、電化された後も、1956（昭和31）年までは気動車が使われていた。ホームは19・9メートルの長さしかなかった。
撮影：竹中泰彦

1950（昭和25）年に上水線の終点として開業し、1968（昭和43）年の拝島線開通で中間駅となった。駅舎は下り線の南側にあった。「西武新宿へ直通50分」が謳い文句だった。
提供：西武鉄道

武蔵砂川
むさしすながわ

開業年：1983（昭和58）年12月12日
所在地：東京都立川市上砂町5-44-4
ホーム：2面2線（高架駅）
乗降人数：10,972人
キロ程：9.6km（小平起点）

拝島線でもっとも新しい駅で、西武鉄道全体でも3番目に新しく、国営昭和記念公園へもアクセスできる

当駅は1983（昭和58）年に開業した拝島線で1番新しい駅で、西武鉄道全体でも3番目に新しい。当駅～玉川上水間は単線で、駅の構造は相対式ホーム2面2線の高架駅となっている。改札口は北側の1ヵ所のみで、地上にある。駅の南北は上砂地下道で結ばれている。駅の南には徒歩20分ほどで行き着ける国営昭和記念公園がある。

当駅付近を走る3000系電車。拝島線では現在、各停、準急、急行を運行している。2008（平成20）年から西武新宿～拝島間に「拝島快速」を走らせたが、現在は廃止された。
撮影：荻原二郎

現在の駅舎で、改札口は北側の1ヵ所のみとなっている。駅前からは立川市のコミュニティバス「くるりんバス」が発着している。

せいぶたちかわ
西武立川

開業年：1968（昭和43）年5月15日
所在地：東京都立川市西砂川1-21-2
ホーム：1面2線（地上駅　橋上駅）
乗降人数：9,555人
キロ程：11.6km（小平起点）

開業時には南側の駅舎しかなかったが、橋上駅舎化されて南北を連絡する自由通路が開通し、北口が新設された

上水線が拝島まで延長した1986（昭和43）年に開業し、1988（昭和63）年には構内踏切を廃止して跨線橋が架けられた。このころの駅舎は南側だけだったが、2011（平成23）年に橋上駅舎化されると、南北を連絡する自由通路が設けられ、北口が新設された。南口には西武鉄道所有の広大な空き地があり、現在は再開発事業が進められている。

1968（昭和43）年
1968（昭和43）年の開業から橋上駅舎化される2011（平成23）年まで、駅舎は下り線側の武蔵砂川寄りの1ヵ所だけだった。写真は開業当日のもので、花輪が並んでいる。
撮影：荻原二郎

1968（昭和43）年
拝島線全通時の開業を祝って建てられたゲート。拝島線が国鉄（現・JR）青梅線に乗り入れる構想もあったが、国鉄は拒否した。
撮影：園田正雄

はいじま
拝島

開業年：1968（昭和43）年5月15日
所在地：東京都昭島市美堀町5-21-2
ホーム：1面2線（地上駅　橋上駅）
乗降人数：34,441人
キロ程：14.3km（小平起点）

青梅線、五日市線、八高線の拝島線に乗り入れて開業し、駅舎の橋上化によってJRと共用する長い南北自由通路が開通した

1968（昭和43）年に玉川上水〜拝島間が開通すると、国鉄（現・JR）青梅線、五日市線、八高線の拝島駅に乗り入れる形で開業した。その後、JRの駅舎とともに橋上駅舎化が図られ、2010（平成22）年に現在の駅舎が完成した。JRと共用する南北自由通路が長いことから、エレベーター、通路とも自転車の利用が可能（乗車は禁止）になっている。

1968（昭和43）年
1968（昭和43）年に上水線を国鉄（現・JR）拝島駅まで延伸した時に開業した駅舎で、北口に位置していた。2010（平成22）年にJRと共用する橋上駅舎になった。
撮影：荻原二郎

こくぶんじ
国分寺

開 業 年：1894（明治27）年12月21日
所 在 地：東京都国分寺市本町2-1-23
ホ ー ム：2面2線（地上駅）
乗降人数：116,316人
キ ロ 程：0.0km（国分寺起点）

JR中央線国分寺駅と接続しているが、国分寺線と多摩湖線のホームは別々の場所に設けられ、それぞれの位置は離れている

　1894（明治27）年、川越鉄道は国分寺〜久米川仮駅（現・東村山）間を開通させ、甲武鉄道（現・JR中央線）との接続駅として開設した。1928（昭和3）年には多摩湖鉄道が開業し、多摩湖鉄道の国分寺駅が誕生する。その後、多摩湖鉄道は武蔵野鉄道に合併され、武蔵野鉄道が旧西武鉄道を合併したことによって、国分寺線と多摩湖線は同一の鉄道会社による運営となった。

　1988（昭和63）年、JR国分寺駅とともに橋上駅舎化され、1990（平成2）年には多摩湖線ホームを北側に移設した。従来の多摩湖線国分寺駅は頭端式ホーム2面2線だったが、この時に1面1線に改められた。もともと運営が異なる路線だったため、現在も国分寺線と多摩湖線のホームの位置は離れている。駅ビルのセレオ国分寺と一体化した自由通路が南北を貫いている。

1965（昭和40）年
提供：西武鉄道
北口にあった旧駅舎で、国鉄（現・JR）と西武鉄道が共同で使用していた。西武線と国鉄線を跨線橋で結んでおり、南口に出ることもできた。現在の北口駅前は広場になっている。

1961（昭和36）年
撮影：荻原二郎
国分寺〜東村山間を走るクハ1158

1965（昭和40）年
提供：西武鉄道
多摩湖線のホーム。木製の柱が木製の屋根を支えている。国分寺線ホームとは離れた位置にある。

COLUMN 市区町史に登場する西武鉄道⑪

国分寺の住民は川越鉄道敷設に興味がなく、開通後の効果は小金井桜の観光客誘致だった

　このように今日国分寺市が発展する上での大きなきっかけのひとつになった甲武鉄道の敷設にあたって、当時の国分寺村の人々はあまり関心がないといってよい状態であったが、この状況は甲武鉄道の5年後の明治27年（1894）に開通した川越鉄道敷設の際にも変わっていない。

　川越鉄道は、明治23年（1890）に出願、25年に免許を受け、2年後の27年には全線開通している。路線は国分寺から東村山に至る現在の西武国分寺線全部のほか、東村山から所沢を経て川越に至る現在の西武新宿線の一部の前身をなしている。

　いま、この鉄道の発起人（全39人）の顔ぶれをみると、埼玉県の地方名望家が圧倒的に多く入間郡、高麗郡の2郡で34人を占める（このうち10人は所沢町）。このほかの5人は東京府であるが、彼らはすべて東京市内であり、北多摩郡の関係者はひとりもいない。

　このように、国分寺村及びその周辺地域の人々は、鉄道の敷設に際しては、必ずしも積極的ではなかったのであるが、ともかくも明治20年代末には国分寺は川越鉄道及び甲武鉄道という2本の鉄道の分岐点として、その後の発展の条件を得たのである。（中略）

　鉄道開通後、その効果として最も早い時期から目立ったのは、やはり何といっても小金井観桜客による利用であろう。

（国分寺市史より抜粋）

こいがくぼ
恋ヶ窪

開 業 年：1955（昭和30）年2月10日
所 在 地：東京都国分寺市戸倉1-1-4
ホ ー ム：2面2線（地上駅）
乗降人数：10,760人
キ ロ 程：2.1km（国分寺起点）

ホーム間は跨線橋で連絡しているが、改札口は西側南端の1ヵ所だけで、国分寺市役所にアクセスしている

　1955（昭和30）年、国分寺線の駅としては最後の開業となった。当初はホーム1面1線だったが、相対式ホーム2面2線に変更され、1986（昭和61）年に跨線橋の使用が始まった。改札口は東村山方面のホームに1カ所だけある。国分寺方面への利用者が多いため、跨線橋のエスカレーターは東村山方面は上りのみ、国分寺方面は下りのみとなっている。

駅舎内に掲げられていた運賃表と時刻表。平日のラッシュ時で1時間に4、5本の運行で、昼間と夜間は1時間に2本しか運行されていない。
提供：西武鉄道

1965（昭和40）年

線路の西側の南端にある駅舎。駅舎の場所は今も変わっていない。駅前は閑散としており、多摩川競艇開催を知らせる看板がむなしく立っている。
提供：西武鉄道

1966（昭和41）年

駅舎は東村山方面行きホーム側だけにある。1986（昭和61）年に構内踏切を廃して跨線橋が設けられ、相対式ホームを連絡するようになった。
撮影：荻原二郎

たかのだい
鷹の台

開 業 年：1948（昭和23）年10月21日
所 在 地：東京都小平市たかの台45-4
ホ ー ム：2面2線（地上駅）
乗降人数：26,070人
キ ロ 程：3.6km（国分寺起点）

歴史のある国分寺線の中ではめずらしい戦後生まれの駅で、駅舎と改札口は1番線側のみにある

　1948（昭和23）年の開業で、当初はホーム1面1線だったが、1961（昭和36）年に交換設備が設けられ、現在の相対式ホーム2面2線に改良された。1982（昭和57）年には地下道を設置し、構内踏切を廃止した。1985（昭和60）年に新しい駅舎が完成した。駅舎と改札口は1番線側にあり、2番線ホームへは地下通路か跨線橋を利用する。

1965（昭和40）年
線路の西側にある駅舎を正面から見る。母親の帰りを待っているのか、駅舎前に自転車に乗った子どもと地面に座り込んだ幼児がいる。
提供：西武鉄道

1965（昭和40）年
相対式ホームになった後の上下線ホーム。ホーム間は構内踏切で結ばれていたことがわかる。1番ホームには到着する電車を待つ数人の乗客の姿が見られる。
提供：西武鉄道

1966（昭和41）年
西武の顔ともいえる501系（のちの351系）電車が国分寺線を走る。湘南電車タイプの2枚窓が特徴的だった。
所蔵：フォト・パブリッシング

ひとつばしがくえん
一橋学園

開業年：1928（昭和3）年4月6日
所在地：東京都小平市学園西町2-1-1
ホーム：1面2線（地上駅）
乗降人数：20,481人
キロ程：2.4km（国分寺起点）

小平学園駅と商大予科駅を合体させた駅で、北口と南口に改札口があり、それぞれが構内踏切でホームと連絡している

当駅には北口と南口の2ヵ所に改札口があり、それぞれが構内踏切でホームと連絡している。これはふたつの駅が合体したことから生じた苦肉の策だった。1928（昭和3）年に小平学園駅が、1933（昭和8）年に商大予科前駅が開業。この2駅を1966（昭和41）年に統合し、駅名まで合体させた。したがって、一橋学園という学校も、地名も実在しない。

一橋大学駅の駅前通り。駅前の商店は「一ツ橋薬局」が1軒あるだけで、写真右手には交番が建っている。

一橋大学駅を正面から望む。当時は相対式ホームだった。1966（昭和41）年に青梅街道寄りに移転し、小平学園駅と合体して現在の駅名となった。

改修される前の南口駅舎。改札は北と南に2ヵ所あるが、写真は南口で、一橋大学の学生の利用が多い。北口は学園町の住民が利用している。

多摩湖線を走っている電車だが、当時使用された車両は、形式が異なる寄り合い所帯的な編成が多かった。

おうめかいどう
青梅街道

開業年：1928（昭和3）年4月6日
所在地：東京都小平市小川町2-1846
ホーム：1面1線（地上駅）
乗降人数：7,580人
キロ程：3.4km（国分寺起点）

青梅街道に接する南側に1ヵ所だけの改札口があり、単式ホーム1面1線を上下線で共用している

青梅街道と国分寺線が交差する地点に設けられた単式ホーム1面1線の駅で、上下線でホームを共用している。多摩湖鉄道が開業した1928（昭和3）年の開設で、1995（平成7）年に駅舎を改修したが、その姿は開業当時とほとんど変わっていない。ＪＲ武蔵野線新小平駅へは青梅街道を西に700メートルほどで、徒歩で連絡している。

駅前の雑貨屋風のお菓子屋さん。雑誌も販売しており、少女が立ち読みしている。店の隣に付近の案内図があり、中央に国分寺線が破線で示されている。

1995（平成7）年に改修される前の駅舎。ホームの南側、青梅街道に接して建っている。ホームは上下線で共用している。

八坂 (やさか)

開業年：1942（昭和17）年10月1日
所在地：東京都東村山市栄町3-18-1
ホーム：1面1線（高架駅）
乗降人数：5,610人
キロ程：5.6km（国分寺起点）

戦時中に急遽開設されたという歴史を持ち、高架化された駅舎の西側を走る府中街道と立体交差している

　1942（昭和17）年、陸軍少年通信兵学校と陸軍兵器補給廠小平分廠が建設されることになったため、急きょ開業した。2000（平成12）年に府中街道が拡張され、それにともなって盛土上の高架駅に改良されて新駅舎も建設された。これによって、当駅のすぐ西を走る府中街道と立体交差することになった。ホームからは下を流れる野火止用水が見られる。

当駅前の商店街。狭い駅前通りの両側に、個人商店がひしめきあっていた。商店街は新宿線の久米川駅前まで続いている。
提供：東村山市

1965（昭和40）年

高架線の下に駅舎があり、長い階段でホームと結ばれていた。このころの駅舎は、現在の駅舎とは線路を挟んだ反対側にあった。
提供：西武鉄道

武蔵大和 (むさしやまと)

開業年：1930（昭和5）年1月23日
所在地：東京都東村山市廻田3-9-19
ホーム：1面1線（地上駅）
乗降人数：7,205人
キロ程：8.1km（国分寺起点）

改札口とホームが高く積まれた築堤上にあるため、駅下の道路からの長いエレベーターが設置されている

　多摩湖鉄道が開業した2年後の1930（昭和5）年に村山貯水池駅（仮）として開設された。1936（昭和11）年に多摩湖鉄道が全線開通したのを機に、駅舎を移築して現在の駅名に改称した。2011（平成23）年には駅舎を八坂寄りに移転してホームを延長し、バリアフリーに対応した駅に改築している。改札口とホームは築堤上にある。

1970年頃

行楽客の輸送のために、多摩湖線が新宿線と直通運転し、新宿まで乗り換えなしで利用できた。

1965（昭和40）年

駅舎の正面。改札口を入ってすぐに階段でホームに向かう。当時は単線区間でありながら、相対式ホーム2面2線だったが、現在は1面1線となっている。
提供：西武鉄道

国分寺線 ▶ 一橋学園・青梅街道・八坂・武蔵大和

西武遊園地
せいぶゆうえんち

開 業 年：1936（昭和11）年12月30日
所 在 地：東京都東村山市多摩湖町3丁目
ホ ー ム：1面2線（地上駅）
乗降人数：2,592人
キ ロ 程：9.2km（国分寺起点）

多摩湖線の終点、山口線の起点駅で、周辺には都立狭山自然公園が広がるが、急速な宅地化も進んでいる

1930（昭和5）年に多摩湖鉄道の村山貯水池駅（仮）として開業した。その後、1936（昭和11）年に仮駅廃止と延伸・移転の上、村山貯水池駅として開業する。さらに、狭山公園前駅、多摩湖駅と駅名を変え、1979（昭和54）年に現在の駅名になった。この間の1961（昭和36）年に路線を延長し、現在の西武ゆうえんち中央口付近に移転している。

1951（昭和26）年に狭山公園前駅から多摩湖駅に改称した後の駅前。松本菓子店が1軒あるだけで、周辺に建物は見当たらない。右手の盛り土上に多摩湖線の線路が見える。提供：西武鉄道

多摩湖駅だったころの駅舎とホームを臨む。ホームから改札を抜け、階段を上がったところが西武園ゆうえんちの入口になっている。提供：西武鉄道

西武園
せいぶえん

開 業 年：1930（昭和5）年4月5日
所 在 地：東京都東村山市多摩湖町西4-29-1
ホ ー ム：2面3線（橋上駅）
乗降人数：3,801人
キ ロ 程：2.4km（東村山起点）

西武園競輪場、西武園ゴルフ場の最寄駅で、駅所在地は東京都東村山市だが、競輪場、ゴルフ場は埼玉県所沢市に所在

当駅の北口だが、当時は駅前に信号機があり、青になるのを待って競輪場に向かわなければならなかった。撮影：荻原二郎

1930（昭和5）年、村山線の村山貯水池前駅として、現在の西武遊園地駅付近で開業した。その後、狭山公園駅に改称され、戦時休止を経て、戦後に再び村山貯水池駅に改称される。1950（昭和25）年に現在の場所に移転して、現在の駅名に改称する。1990（平成2）年に橋上駅舎化された。西武園競輪場、西武園ゴルフ場の最寄駅となっている。

1950（昭和25）年に現在地で開業しており、1986（昭和61）年に頭端ホーム2面3線となった。通常2、3番線ホームを使用し、1番線は臨時のみとなっている。提供：西武鉄道

多摩湖線・西武園線 ▶ 西武遊園地・西武園

1937（昭和12）年

多摩湖鉄道が非電化で開業した際に導入されたガソリンカーのキハ2。1928（昭和3）年に登場した。

撮影：荻原二郎

1956（昭和31）年

八坂付近を走る初代101系。唯一の600V区間であった多摩湖線には小型車両が集められた。

撮影：荻原二郎

1940（昭和15）年

東京商科大学（現・一橋大学）の学生で賑わう「商大予科前」のホーム。小型の電車はモハ10形。

撮影：裏辻三郎

小平学園付近を走るモハ20形（初代）。京王電気軌道からやってきた木造の高床車両であった。

1937（昭和12）年

撮影：荻原二郎

武蔵境

むさしさかい

開業年：1917（大正6）年10月22日
所在地：東京都武蔵野市境南町2-1-12
ホーム：1面2線（高架駅）
乗降人数：29,303人
キロ程：0.0km

甲武鉄道境駅に乗り入れて多摩鉄道が開業して以来の駅で、高架化された現在は高架下にEmio武蔵境がある

　甲武鉄道（現・JR中央線）が開業した1889（明治22）年に境駅として開設され、これに乗り入れる形で多摩鉄道（現・多摩川線）が1917（大正6）年に開業した。1919（大正8）年に現在の駅名に改称している。2004（平成16）年から駅の高架化工事が始まり、新駅舎の建設とホームの高架化がなされた。これ以前は、多摩川線のホームは中央線下りホームの反対側1線を使用していたが、高架化工事により島式ホーム1面2線となり、改札口も別々になった。工事は2006（平成18）年に完成し、翌年には南口が開設された。

　この南口の高架下にはEmio武蔵境が開業し、スーパーマーケットの成城石井やRF1SELECTなどの商業施設が入居している。南口からは小田急バス、京王バス、武蔵野市のコミュニティバス「ムーバス」が頻繁に発着している。

西武鉄道多摩川線ののりば案内。当時は多磨墓地前（現・多磨）、北多磨（現・白糸台）という駅名になっている。
提供：西武鉄道

1965（昭和40）年
駅が高架化される2008（平成20）年までは中央線下りホームの反対側を使用していた。写真の電車は武蔵境〜多磨墓地前間の2駅だけ運行している。
提供：西武鉄道

1938（昭和13）年
多摩川線で活躍した3号機蒸気列車。川越鉄道が1897（明治30）年に英国から購入した機関車で、当駅に停車している。牽引されている客車はハ1＋ロ2＋クハ606。
撮影：荻原二郎

しんこがねい
新小金井

開 業 年：1917(大正6)年10月22日
所 在 地：東京都小金井市東町4-24-1
ホ ー ム：2面2線(地上駅)
乗降人数：3,552人
キ ロ 程：1.9km (武蔵境起点)

相対式ホーム2面2線は現在も構内踏切で結ばれており、駅の南西部には野川沿いに都立武蔵野公園がある

　多摩鉄道開業と同時に開設された小金井市内でもっとも古い駅だが、すでに東北本線に小金井駅があったため、駅名に「新」を冠したという。1927(昭和2)年に旧西武鉄道が多摩鉄道を吸収して多摩線と呼ばれるようになったが、その後、線名は是政線、武蔵境線と改称し、現在の線名にたどり着いた。もともと多摩川の砂利採取のための路線だったことから、1967(昭和42)年まで貨物営業をしていた。

　1988(昭和63)年に新駅舎となったが、相対式ホーム2面2線は現在も構内踏切によって結ばれている。1番線が是政方面、2番線が武蔵境方面となっている。かつては当駅の多磨側から貨物線が分岐していた。駅の北西部には東京農工大学があり、南西部には野川沿いに都立武蔵野公園がある。駅前広場から小金井市のコミュニティバスが発着している。

多摩川線 ▶ 武蔵境・新小金井

1988(昭和63)年に新しい駅舎になったが、これは旧駅舎の正面。かつては貨物輸送が盛んで、ホームは2面3線だったが、現在は2面2線に改められた。
提供：西武鉄道
1965(昭和40)年

武蔵境行きのホームで、ホームの右手に駅舎が見えている。是政方面行きのホームへは、写真左の構内踏切を使用する。
提供：西武鉄道
1965(昭和40)年

6号蒸気機関車。武蔵境から分かれる是政線には多摩川の川砂利を輸送するため、北多摩に機関庫があり、古いイギリス製の蒸気機関車が使用されていた。
1955(昭和30)年
撮影：竹中泰彦

多磨 (たま)

開業年	1929(昭和4)年1月5日
所在地	東京都府中市紅葉丘3-42-2
ホーム	2面2線(地上駅)
乗降人数	13,460人
キロ程	4.1km(武蔵境起点)

長らく多磨墓地前駅と呼ばれ、都立多磨霊園の最寄駅として知られてきたが、東京外国語大学の最寄駅でもある

1929(昭和4)年に多摩鉄道の多磨墓地前駅として開業した。この駅名からもわかるように、都立多磨霊園の最寄駅として、現在でも春秋のお彼岸やお盆などは利用者が多い。2001(平成13)年に現在の駅名に改称し、駅名標には東京外国語大学前という副駅名が書かれている。駅のすぐ脇を人見街道が走り、徒歩5分ほどで霊園入口に至る。

1965(昭和40)年
武蔵境方面行きホームの北側にあった駅舎で、出入り口が西側を向いていた。その後改築されて、出入り口が北向になった。
提供:西武鉄道

1965(昭和40)年
武蔵境方面から見たホームの全景。1番線が武蔵境方面で、2番線が是政方面のホームとなっている。構内踏切の右側に駅舎がある。
提供:西武鉄道

白糸台 (しらいとだい)

開業年	2001(平成13)年3月28日 北多磨駅から改称
所在地	東京都府中市白糸台2-71-6
ホーム	1面2線(地上駅)
乗降人数	5,635人
キロ程	5.5km(武蔵境起点)

駅の西300メートルほどのところに京王線多磨霊園駅が、東200メートルほどのところに京王線武蔵野台駅がある

多摩鉄道の開業時に北多磨駅として開業した。この当時は終点で、機関区が設けられており、現在でも多摩川線で使用する電車の車両基地がある。駅舎は島式ホーム1面2線の南西側にあり、改札口から構内踏切でホームと連絡している。2001(平成13)年に現在の駅名に改称した。当駅の南側で京王線とクロスしているが、接続はない。

1965(昭和40)年
多磨寄りの北側にあった駅舎で、入口は多磨方面を向いている。1977(昭和52)年に駅を改良し、島式ホーム1面2線になった。
提供:西武鉄道

1965(昭和40)年
多摩鉄道の開業時に終点の北多磨駅として開業しており、当時から機関区、車両基地があった。多摩川の砂利などの貨物輸送にも貢献した。
提供:西武鉄道

1965(昭和40)年
下り線ホームに電車が到着した。ホームには一部しか屋根がない。上り線ホームにも電車を待つ人の姿がある。
提供:西武鉄道

競艇場前
きょうていじょうまえ

開業年：1919（大正8）年6月1日
所在地：東京都府中市小柳町4-10-11
ホーム：1面1線（地上駅）
乗降人数：2,647人
キロ程：7.0km（武蔵境起点）

かつては砂利運搬の貨物駅的性格が強かったが、現在では多摩川競艇場に集まる競艇ファンのアクセス駅になっている

1954（昭和29）年に現駅名に改称した駅舎の正面。改札口前の大きな屋根が特徴的だった。現在は橋上駅になったため、競艇場までは連絡通路で結ばれている。
提供：西武鉄道

多摩鉄道が延長開業した1919（大正8）年に常久駅として開業し、1954（昭和29）年に現在の駅名に改称された。この年に開場した多摩川競艇場は、多摩川の砂利採集で空いた巨大な穴を整備して造られた。上り下り共用の単式ホーム1面1線を有する橋上駅で、多摩川競艇場の最寄駅として陸橋で競艇場とつながっている。

多摩川競艇場の案内塔。その左に競艇競技を監視する塔が見える。駅前では大規模な建設工事が始まっていた。
提供：西武鉄道

是政
これまさ

開業年：1922（大正11）年6月20日
所在地：東京都府中市是政5-8-2
ホーム：1面1線（地上駅）
乗降人数：7,573人
キロ程：8.0km（武蔵境起点）

多摩川線の終点で、駅の西側を走る府中街道を北上すると、日本中央競馬会の東京競馬場にぶつかる

ホームの中ほどにある駅舎で、「祝是政駅落成」の横断幕が架かっている。ホーム上の屋根や柵が真新しい。
提供：西武鉄道

1922（大正11）年に多摩鉄道の延長開業によって、その終点として開設された。駅名はこの地を開墾した井田摂津守是政の名に由来している。1950（昭和25）年に北多摩（現・白糸台）〜是政間の電化が完了し、多摩川線全線の電化が完了した。1994（平成6）年に構内改良工事を完了し、現在は単式ホーム1面1線の端に駅舎がある。

クハ1240。かつての武蔵野鉄道のロマンスカーである。学習院大学の初等科学童の遠足用だったという話もあった。昭和初期の川崎製の全鋼製車両だがクロスシートに合わせた広い窓が特徴である。戦時中にロングシートになり、晩年は3扉に大改造された。
撮影：竹中泰彦

駅のすぐ西側を府中街道が走り、パン屋や蕎麦屋などの商店が見えるが、道路はまだ舗装されていない。
提供：西武鉄道

矢嶋 秀一（やじましゅういち）

1948（昭和23）年、長野県松本市生まれ。
上智大学在学中からフリーライターとして「週刊ポスト」（小学館）の取材・執筆にあたる。
同誌記者として15年間活動の後に独立。編集プロダクション経営の傍ら、講談社の「週刊分冊百科」を中心に執筆多数。著書に『西武新宿線 街と駅の1世紀』『西武池袋線 街と駅の1世紀』『東武東上線 街と駅の1世紀』（以上、彩流社）、『京急電鉄各駅停車』（洋泉社）等。

【写真提供】
西武鉄道株式会社、西武園、狭山市、所沢市、練馬区、朝日新聞社、
J.WALLY.HIGGINS、裏辻三郎、小川峯生、荻原二郎、園田正雄、高橋義雄、竹中泰彦、田部井康修、
中西進一郎、長渡朗、満田新一郎

【執筆協力】
高井薫平、中西進一郎、三好好三

西武鉄道 1950〜1980年代の記録

発行日……………2016年1月5日 第1刷　　※定価はカバーに表示してあります。

著者………………矢嶋秀一
発行者……………佐藤英豪
発行所……………株式会社アルファベータブックス
　　　　　　　　〒102-0072　東京都千代田区飯田橋 2-14-5 定谷ビル
　　　　　　　　TEL. 03-3239-1850　FAX.03-3239-1851
　　　　　　　　http://ad-books.hondana.jp/

編集協力…………株式会社フォト・パブリッシング
デザイン・DTP ………柏倉栄治
印刷・製本………モリモト印刷株式会社

ISBN 978-4-86598-808-6 C0026
本書は日本出版著作権協会（JPCA）が委託管理する著作物です。
複写（コピー）・複製、その他著作物の利用については、事前にJPCA（電話 03-3812-9424、e-mail:info@jpca.jp.net）の許諾を得てください。なお、無断でのコピー・スキャン・デジタル化等の複製は著作権法上での例外を除き、著作権法違反となります。